La Cour suprême, le Pouvoir suprême

Rencontres et interférences

Collection fondée et dirigée par Fabien Dworczak

Cette collection se situe au carrefour des sciences dites dures et des sciences humaines et sociales.

Elle présente, sous forme de dialogue ou non, un échange entre différents acteurs scientifiques, une rencontre permettant de comprendre des enjeux sociétaux ou des sujets par l'éclairage de la science ou de compétences reconnues.

Déjà parus

Didier NAUD, Blaise AMIR-TAHMASSEB, *Manuel pour une écologie de la modération*, 2022.

Joshua LAFFONT-COHEN, *Anthologie de la poésie de George Sand*, 2022.

Caroline Fredrickson

La Cour suprême, le Pouvoir suprême

Le danger que pose la Cour Suprême aux États-Unis. Comment la faire évoluer ?

Préface de Louis-Daniel Muka Tshibende

L'Harmattan

Du même auteur :

Germany in Transition: A Unified Nation's Search for Identity, edited by Gale Mattox, contributed chapter: "Employment Discrimination: Germany's Lack of Legal Remedies", Routledge, 1999.

Under The Bus: How Working Women Are Being Run Over, The New Press, 2015.

The Democracy Fix: How to Win the Fight for Fair Rules, Fair Courts, and Fair Elections, The New Press, 2019.

The AOC Way, Simon & Schuster, 2020.

5-7, rue de l'Ecole-Polytechnique, 75005 Paris
http://www.editions-harmattan.fr
ISBN : 978-2-14-031433-9
EAN : 9782140314339

Sommaire

Avant-Propos 9

Préface 11

Brève introduction 15

1. Comment en est-on arrivé là ? 15

Chapitre 1 : Histoire et structure de la Cour suprême des États-Unis 19

1. Bref aperçu 19

2. Le rôle de la Cour suprême dans le système judiciaire fédéral 19

3. La pratique de la Cour suprême 20

4. Arguments de la Cour suprême 21

5. Bref historique de la Cour suprême et de son rôle dans la société américaine 21

6. Qu'est-ce que la Cour suprême ? Comment obtient-elle sa puissance ? 22

Chapitre 2 : La Cour et le pouvoir de régler l'économie, la santé, le climat 39

1. La Rédaction de la Constitution 42

1.1 La stratégie institutionnelle 43

1.1.1 Séparation des pouvoirs 43

1.1.2 Fédéralisme 44

1.2 Stratégie des droits individuels 44

2. Le pouvoir judiciaire 46

3. Chronologie du pouvoir juridique 51

3.1 Le début 51

3.2 Le « *New Deal* » et ses conséquences 57

3.3 Le retour Des conservateurs............................61
Chapitre 3 : La Cour suprême : le vote et l'avortement dans la ligne de mire 69
1. La Cour suprême et la démocratie........................70
2. Gerrymandering..77
3. La longue histoire deg*Gerrymandering* 80
4. La Cour suprême et le droit à l'avortement.........84
Chapitre 4 : La Cour et Le Président 89
1. Le président, la Cour et les affaires étrangères..100
2. Le président, la Cour et les affaires intérieures.103
Chapitre 5 : reform
....109
1. Réformes de la transparence et de l'éthique......129
1.1 Le « Shadow Docket » 129
1.2 Transparence...131
2. Conclusion..132
Conclusion 132
Remerciements 137

AVANT-PROPOS

Par le présent ouvrage sur la Cour suprême des États-Unis d'Amérique, Madame Fredrickson publie pour la première fois un ouvrage en langue française. Nous ne pouvons que l'en féliciter et nous en réjouir, car il nous est ainsi offert la possibilité de profiter de l'expertise de Madame Fredrickson sur le sujet, cela n'étant pas négligeable dans le contexte politique actuel des États-Unis d'Amérique.
L'Université Catholique de Lyon (UCLy) ayant été associée à la publication de l'ouvrage, nous ne pouvons qu'en remercier très sincèrement l'auteure. Des enseignants et étudiants de la Faculté de Droit de l'UCLy ont en effet participé à la relecture du manuscrit de Madame Fredrickson. Cette participation à la publication de l'ouvrage de Madame Fredrickson est le fruit d'une collaboration plus générale entre notre institution et l'auteure. Celle-ci est née suite à la mise en relation faite par Monsieur Dworczak, que nous remercions chaleureusement. Grâce à celle-ci, Madame Fredrickson a dispensé, en février et mars 2022, deux conférences en ligne pour les étudiants de la Faculté de Droit de l'UCLy : une première sur le thème de la Cour suprême, la seconde faisant un bilan de l'action du Président Biden un an après son élection. Par la suite, en mai, Madame Fredrickson, lors d'un voyage en France, nous a fait l'honneur de visiter notre campus Saint Paul à Lyon. Elle a, à cette occasion, délivré aux enseignants-chercheurs du Pôle Sciences juridiques, politiques et sociales de l'Unité de Recherche Confluence Sciences et Humanités (EA1598) une conférence sur le thème suivant : « *The Far Right, Norms, and Rule of Law : What We Learned from Trump* ».
Nous ne pouvons de nouveau que remercier Madame Fredrickson du temps accordé aux étudiants et enseignants de l'UCLy. À l'heure où les formations de la Faculté de

Droit de l'UCLy s'internationalisent de plus en plus, nous ne pouvons que nous ravir de cette collaboration, appelée, nous l'espérons, à se renforcer à l'avenir.

Dr. Louis BERTIER

Directeur pédagogique de la Faculté de Droit sur le campus Alpes Europe et enseignant.
Lyon Catholic University – UCLy
Faculté de Droit

PRÉFACE

Au cours de l'existence des êtres humains, il est de ces rencontres qui marquent à vie. Rencontres avec des idées, rencontres avec des personnes. Ma rencontre avec le Professeur Caroline Fredrickson est, en cela, digne d'être évoquée. Elle a fait croiser mon chemin avec celui d'une personne à la fois engagée et réfléchie, un esprit aussi bien ouvert que mesuré. Autant le dire, un privilège et un honneur. Cette rencontre a été précédée, trois décennies auparavant, par une autre lorsque, jeune adolescent, errant dans la bibliothèque de mon père, je fis la rencontre des idées de Thomas Jefferson et plus largement des pères fondateurs des États-Unis d'Amérique. Ces deux rencontres me font réaliser combien, aujourd'hui, Caroline et moi avons une chose en commun. C'est que, tous deux, en accord avec la déclaration d'indépendance du 4 juillet 1776, nous :

> «tenons pour évidentes pour elles-mêmes les vérités suivantes : tous les hommes sont créés égaux ; ils sont doués par le Créateur de certains droits inaliénables ; parmi ces droits se trouvent la vie, la liberté et la recherche du bonheur. Les gouvernements sont établis parmi les hommes pour garantir ces droits, et leur juste pouvoir émane du consentement des gouvernés. Toutes les fois qu'une forme de gouvernement devient destructive de ce but, le peuple a le droit de la changer ou de l'abolir et d'établir un nouveau gouvernement, en le fondant sur les principes et en l'organisant en la forme qui lui paraîtront les plus propres à lui donner la sûreté et le bonheur (…) ».

Nul ne devrait oublier que, pour mettre en œuvre cette promesse, ils eurent à se battre, et leurs mots résonnent encore aux temps présents, où l'idée même de démocratie et, partant, du droit des peuples à choisir leur gouvernement, sont questionnées. L'ouvrage du Professeur Fredrickson arrive ainsi à point nommé et apporte un éclairage sur le subtil équilibre qui, exprimé principalement par la règle des *checks and balances*, est consubstantiel au système démocratique dont il régit les trois pouvoirs, exécutif, législatif, et judiciaire. Or, comme tout système, celui-ci ne peut perdurer sans avoir un gardien. De ce point de vue, la contribution du Professeur Fredrickson aux réflexions actuelles est fondamentale. Elle apporte des réponses à de nombreuses interrogations dont, entre autres, celles de savoir qui est le gardien, que garde le gardien, et qui garde le gardien.

D'abord, qui est le gardien ? En partant d'une description des trois branches du pouvoir susmentionnées telles que voulues par les rédacteurs de la Constitution fédérale, le Professeur Fredrickson jette la lumière sur la particularité de l'une d'entre elles, la seule déclarée indépendante des autres, représentant le pouvoir judiciaire et présentée dès l'entame de l'ouvrage comme pour en donner le ton. La Cour suprême apparaît rapidement comme le gardien de la Constitution fédérale et, de ce fait, de tout le système juridique et politique des États-Unis ; elle veille sur la colonne vertébrale, la pierre angulaire de la Maison Amérique.

Ensuite, que garde le gardien ? L'auteur y répond à travers une immersion dans les normes et la politique américaines et, grâce à son regard à la fois rétrospective, actuelle et prospective, l'on prend vite conscience de ce qui apparait sous sa plume, à savoir que la Cour suprême a le pouvoir de faire et défaire des droits, d'appeler à l'existence des droits ou, à l'opposé, de les faire disparaître… *nacht und nebel*.

Elle peut (re)modeler la société et impacter dans tous les cas la vie de millions d'Américains en tout ce qu'elle touche, qu'il s'agisse des grands enjeux de société (: égalité, climat, santé, économie…) ou des droits particulièrement éprouvés (droits des minorités, droits syndicaux, droits de vote, droits reproductifs). Dès lors qu'elle est le gardien du vivre ensemble, de tout ce qui permet aux citoyens de faire nation, son pouvoir doit s'exercer avec discernement et responsabilité.
Enfin, qui garde le gardien ? Il importe, en démocratie, de veiller à ce que ne se dévoie point le gardien de l'État, de la loi, des droits, de l'état de droit ; celui-ci doit comme les autres branches être entouré de telles garanties et limites qu'il ne cède pas à la tentation de l'absolu. Ceci, on le sait, entraînerait sinon une rupture à tout le moins une fragilisation du contrat social et donc des fondements de la nation. En cela, l'État diffère peu de la corporation, fondée sur un pacte social qui lie les fondateurs aux origines de même que tous les membres dans la suite des temps. C'est que, qu'adviendrait-il en effet du rêve et de l'édifice communs, fondé sur un équilibre des branches, lorsque le gardien – en raison justement de son rôle – devient l'objet de querelles politiques et idéologiques ? Que faire lorsque la prise du contrôle ou la mise sous influence du gardien devient un objectif politique assumé, peu ou prou étranger à l'intérêt supérieur de la nation ? D'où le caractère très essentiel, pour le peuple, de la question de savoir qui garde celui qui le garde. Une loi modifiant sa mission et sa composition suffirait-elle ? Ne faudrait-il pas également relever la place de l'éthique en politique ? La série des conférences sur la thématique « *Law, Ethics and Politics* » que j'ai initiée il y a quelques années au sein de la Faculté de droit de la Lyon Catholic University (UCLy) plaide en ce sens. Pour sa part, et de manière convaincante, le Professeur Fredrickson expose avec une grande clarté les

raisons pour lesquelles elle est favorable à une réforme de la Cour suprême.
La réflexion portée par le présent ouvrage fait écho en Europe, en France notamment, et ailleurs dans le monde, partout où se fait sentir de façon de plus en plus brûlante le besoin de protéger le gardien de ses propres imperfections et prédispositions afin, au final, de préserver la Maison commune, lieu d'expression et de préservation de nos libertés.

Dr. Louis-Daniel MUKA TSHIBENDE

Associate Professor | Vice Dean International
Lyon Catholic University – UCLy
Faculté de Droit

Brève introduction

La Cour suprême des États-Unis doit sembler une institution très particulière du point de vue de ceux qui ont un système juridique différent. C'est l'une des trois branches du gouvernement fédéral établies dans la Constitution des États-Unis, mais contrairement aux autres, elle est indépendante du public américain, n'est pas élue, a le pouvoir de décider ce que dit la Constitution et ne peut pas être contredite par les autres branches – en l'absence d'un changement à la Constitution. Cela rend la Cour suprême extrêmement puissante dans le système américain, une prétendue démocratie.

1. Comment en est-on arrivé là ?

La Constitution des États-Unis a établi les bases du système de gouvernement du pays, répartissant le pouvoir entre trois branches : une législature (le Congrès), l'exécutif (le président) et un organe judiciaire (la Cour suprême). L'article premier est la section la plus vaste de la Constitution, décrivant les pouvoirs du Congrès, qui sont limités à ceux détaillés dans le document, mais dont les contours ont été délimités par des actions de ce dernier ainsi que par des interprétations de la Cour au cours des siècles. L'article II détaille les pouvoirs de la présidence, tandis que l'article III décrit le pouvoir judiciaire. Celui-ci est étonnamment court et a laissé beaucoup de place à la controverse et au débat sur le rôle approprié de la Cour dans un système démocratique.

Bien entendu, la Constitution établit également un système fédéral pour les États-Unis. Limitant le Congrès à ses « pouvoirs énumérés, » le document réserve le pouvoir législatif restant aux gouvernements des États. Ainsi, la gouvernance aux États-Unis comprend à la fois des divisions horizontales, décrites comme une séparation des pouvoirs ou des freins et contrepoids, et des divisions verticales entre les États et le gouvernement national. Malgré cela, la Cour est une institution d'autorité démesurée, statuant à la fois sur le droit fédéral et sur le droit des États en vertu de la clause de suprématie, qui établit la Constitution comme la loi suprême du pays.

À divers moments de l'histoire américaine, la Cour a été un point chaud de conflit, se heurtant aux branches politiques en raison de son orientation réactionnaire ou, plus rarement, parce qu'elle est en avance sur l'opinion publique ou le consensus politique pour parvenir à ses décisions. Certains moments évidents incluent la période avant la guerre civile lorsque la Cour suprême, dans l'infâme arrêt *Dred Scott* de 1857 a affirmé que les Noirs ne pourraient jamais être citoyens des États-Unis et étaient intrinsèquement inférieurs. De même, au cours des années 1930, la Cour a contrecarré les efforts du président Franklin D. Roosevelt pour faire avancer un programme législatif visant à lutter contre le chômage élevé et la pauvreté pendant la Grande Dépression. Les décisions de la Cour déclarant les écoles pratiquant la ségrégation raciale inconstitutionnelles dans l'affaire *Brown c. Board of Education* de 1954 et la reconnaissance du droit des femmes à avorter dans l'affaire *Roe c. Wade* (1973) ont enflammé les conservateurs. Bien que la Cour ait toujours été plus alignée sur un programme conservateur, la droite s'est néanmoins emparée des arrêts *Brown* et *Roe* pour créer une polémique autour des nominations à la Cour, et pour engager l'élite du Parti républicain et sa base à chercher à la contrôler et à la façonner.

Cet effort a été largement couronné de succès. Pendant sa présidence, Donald Trump a pu nommer un nombre record de juges, dont trois de la Cour suprême. Ces juges se sont joints aux trois autres conservateurs pour créer une majorité qualifiée de six juges sur un total de neuf. Et pas plus tard qu'en juin 2022, ils ont annulé l'arrêt historique *Roe c. Wade* dans *Dobbs c. Jackson Women's Health Organization*, permettant aux États de tout le pays d'interdire ou de restreindre fortement l'avortement ainsi que l'accès à la contraception. En plus de cela, le mariage gay, et les lois anti-discrimination protégeant les gays, les lesbiennes, les bisexuels et les transgenres pourraient être les prochaines cibles des militants conservateurs, et la Cour suprême sera un partenaire volontaire dans les efforts visant à éviscérer ces droits.

Même avant ces derniers développements, de nombreux progressistes aux États-Unis avaient exigé des changements majeurs à la Cour, au mandat plutôt que de permettre aux juges d'y rester à vie, une augmentation du nombre de juges au-delà de neuf pour diluer le pouvoir des six juges de droite, des changements à sa compétence pour limiter les types d'affaires que la Cour peut examiner, et l'introduction de règles d'éthique et de transparence pour informer le public des situations de conflits d'intérêts dans lesquelles peuvent se trouver les juges et pour limiter les comportements partisans ou discriminatoires. Le président Joe Biden a nommé une commission présidentielle, à laquelle j'ai siégé, pour examiner ces questions et analyser l'efficacité et la constitutionnalité de telles réformes.

Comme la Commission l'a indiqué dans son rapport au Président et au public américain :

En octobre 2020, le candidat à la présidence de l'époque, Biden, a déclaré son intention, s'il était élu, de créer une commission bipartite chargée d'examiner la réforme de la Cour suprême. En réponse à une question sur son soutien aux propositions visant à augmenter le nombre de juges à la Cour, Biden a répondu qu'« il ne s'agit pas d'emballer les tribunaux » et a observé que les constitutionnalistes ont débattu d'une série de propositions de réformes de la Cour.

Les commentaires du Président et la création subséquente de la Commission, soulignent que la nation est engagée depuis un certain temps dans un débat intense et continu sur la composition de la Cour, l'orientation de sa jurisprudence et la question de savoir si un parti politique ou l'autre a enfreint les normes guidant le processus de confirmation des nouveaux juges. Les acteurs politiques, les législateurs et les commentateurs ont formulé des récits très divergents sur les raisons pour lesquelles le conflit au sujet de la Cour s'est intensifié ces dernières années. Et ils ne sont pas en accord sur la question de savoir si ces luttes politiques ont ébranlé la légitimité de la Cour.

À la suite de la fuite de la décision *Dobbs* en mai 2022, ces appels à la réforme sont devenus encore plus forts.

Ce livre abordera l'Histoire de la Cour suprême des États-Unis, ainsi que la façon dont elle en est venue à avoir autant de pouvoir sur la vie américaine, et quelles sont les perspectives de réforme et de renouveau.

Chapitre 1 : Histoire et structure de la Cour suprême des États-Unis

1. Bref aperçu

En 1789, le Congrès a adopté la loi sur le pouvoir judiciaire, qui a fourni un cadre législatif pour élaborer les grandes lignes constitutionnelles, et la Cour s'est officiellement réunie pour la première fois en 1790. La Cour suprême se compose du juge en chef (« *Chief Justice* ») des États-Unis et « du nombre de juges associés qui peut être fixé par le Congrès ». Tout au long de la majeure partie de l'histoire américaine, et depuis le milieu des années 1800, il y a eu neuf juges. Le président des États-Unis nomme les juges, et les nominations sont confirmées avec l'avis et le consentement du Sénat américain.

2. Le rôle de la Cour suprême dans le système judiciaire fédéral

Les juges de la Cour suprême entendent les plaidoiries et rendent des décisions sur les affaires ayant obtenu le certiorari. Il s'agit généralement d'affaires controversées émanant de cours d'appel inférieures. Le tribunal reçoit entre 7 000 et 8 000 requêtes chaque trimestre et entend les plaidoiries dans environ 80 affaires. C'est bien moins que ce que la Cour a entendu dans le passé.

En plus de trancher ces cas, chaque juge est responsable des demandes d'urgence et d'autres questions d'un ou de plusieurs des 13 circuits fédéraux – 12 « circuits » correspondent à de grandes régions géographiques composées de plusieurs États (en revanche, un, le circuit « fédéral » n'est pas lié à un critère géographique). Par conséquent, les juges sont parfois invités à suspendre l'exécution de l'ordonnance d'une cour de circuit, à fixer une caution pour un défendeur, ou à arrêter l'expulsion d'un étranger. Les juges statuent également sur les demandes de sursis à exécution.

Collectivement, les 12 circuits régionaux sont constitués de 94 districts judiciaires. Les tribunaux de district font office de tribunaux de première instance. Le rôle des 12 cours d'appel est d'entendre les appels des tribunaux de district afin de déterminer si la loi a été appliquée correctement ou non devant le tribunal de première instance. Les cours d'appel se composent de trois juges et n'ont pas recours à un jury. Elles peuvent connaître des contestations de décisions de tribunaux de district formées par les tribunaux situés dans leur circuit, mais aussi de décisions d'organismes administratifs fédéraux.

En outre, la Cour d'appel du circuit fédéral a compétence à l'échelle nationale pour entendre les appels dans des affaires spécialisées, telles que celles impliquant des lois sur les brevets, et des affaires tranchées par la Cour du commerce international des États-Unis et la Cour fédérale de réclamations des États-Unis.

La Cour suprême peut connaître des appels interjetés par les tribunaux d'appels (les « *circuits* »), mais aussi, dans certaines circonstances, par les tribunaux de district.

3. La pratique de la Cour suprême

Le mandat de la Cour suprême débute, selon la loi, le premier lundi d'octobre et la Cour reste en session jusqu'à la fin juin ou au début du mois de juillet. Une distinction est traditionnellement faite entre les séances et les pauses intermédiaires. Lors d'une séance, les juges entendent des affaires et rendent des opinions. Lors d'une pause intermédiaire, ils examinent l'affaire devant le tribunal et élaborent leurs décisions, appelées opinions. Séances et pauses intermédiaires alternent toutes les deux semaines.

4. Arguments de la Cour suprême

Dans la plupart des plaidoiries devant la Cour, chaque partie dispose de 30 minutes pour persuader les juges que leur interprétation de la loi est correcte. Presque toutes les affaires entendues par les juges sont des examens des décisions rendues par d'autres tribunaux – il n'y a pas de jurys ou de témoins. Les juges tiennent compte des dossiers qui leur sont remis, y compris les décisions des tribunaux inférieurs pour chaque étape d'une affaire, ainsi que des preuves et des arguments qui leur sont présentés, pour prendre leur décision finale.

5. Bref historique de la Cour suprême et de son rôle dans la société américaine

L'article III de la Constitution des États-Unis dispose : « Le pouvoir judiciaire des États-Unis est dévolu à une Cour suprême et aux tribunaux inférieurs que le Congrès peut ordonner et établir de temps à autre. » Mais que fait la Cour suprême des États-Unis et comment ses décisions affectent-elles les citoyens de ce pays ?
Pour comprendre le débat actuel sur le rôle de la Cour suprême des États-Unis, il faut revoir l'Histoire de sa création et les controverses en cours liées à ses décisions, à son pouvoir et à son autorité. Cette Histoire, bien sûr, commence avec la fondation des États-Unis avant et pendant la guerre révolutionnaire, et se poursuit à travers des événements majeurs tels que la guerre civile, la reconstruction, la Grande Dépression, la Seconde Guerre mondiale. Cette histoire montre à quel point il y a eu des désaccords et des débats parmi les parlementaires et le grand public sur le rôle de l'institution. Bon nombre de ces débats ont été précipités par les besoins d'une nation en mutation et en croissance. Selon les affiliations partisanes

et les idéologies de chacun, des visions radicalement différentes de ce que l'Amérique devrait devenir – ou rester s'opposent.

6. Qu'est-ce que la Cour suprême ? Comment obtient-elle sa puissance ?

La Cour suprême est le plus haut tribunal des États-Unis pour toutes les affaires et controverses découlant de la Constitution et d'autres lois des États-Unis. Les neuf juges de la Cour suprême sont les arbitres ultimes de la loi, chargés de veiller à ce que le peuple américain reçoive la promesse d'une justice égale devant la loi. Si le Congrès n'est pas en accord avec l'interprétation d'une loi par la Cour, il peut modifier la loi pour surmonter la décision de la Cour, mais lorsque la Cour rend une décision basée sur une interprétation de la Constitution, le Congrès ne peut pas s'y opposer, à moins de modifier la Constitution – une tâche très difficile dans le système américain. En théorie, la Cour agit en tant que protecteur et interprète de la Constitution.
La Constitution des États-Unis a établi la Cour suprême. Fait remarquable, le document était très laconique sur le rôle ou les pouvoirs de la Cour à l'article III :

> Partie. 1.
> Le pouvoir judiciaire des États-Unis sera dévolu à une Cour suprême et aux tribunaux inférieurs que le Congrès peut, de temps à autre, ordonner et établir. Les juges, tant de la Cour suprême que de la Cour inférieure, exercent leurs fonctions avec bonne conduite et reçoivent, aux heures indiquées, pour leurs services, une indemnité qui ne sera pas diminuée pendant leur maintien en fonction.

Partie. 2.
Le pouvoir judiciaire s'étend à toutes les affaires, en droit et en équité, découlant de la présente Constitution, des lois des États-Unis et des traités conclus, ou qui seront conclus, sous leur autorité; — à toutes les affaires concernant les ambassadeurs, les autres ministres publics et les consuls; —à toutes les affaires d'amirauté et de juridiction maritime; —aux controverses auxquelles les États-Unis seront parties; —aux controverses entre deux ou plusieurs États; — entre un État et des citoyens d'un autre État, entre citoyens d'États différents, entre des citoyens d'un même État qui revendiquent des terres en vertu de concessions d'États différents, et entre un État, ou ses citoyens, et des États, des citoyens ou des sujets étrangers.
Dans tous les cas concernant les ambassadeurs, autres ministres et consuls publics, ainsi que ceux dans lesquels un État est Parti, la Cour suprême a compétence en première instance. Dans tous les autres cas mentionnés ci-dessus, la Cour suprême a compétence en appel, tant en droit qu'en fait, avec les exceptions et en vertu des règlements que le Congrès fera.
Le procès de tous les crimes, sauf en cas de destitution, se fera par jury, et ce procès aura lieu dans l'État où lesdits crimes auront été commis, mais lorsqu'il n'est pas commis dans un État, le Procès aura lieu en l'endroit ou dans les lieux que le Congrès peut avoir ordonnés par la loi.

La Constitution cherchait à établir deux objectifs importants : éclairer la loi suprême du pays et mettre en place une institution chargée d'appliquer cette loi. Cette institution, en vertu de l'article III de la Constitution, était le « pouvoir judiciaire des États-Unis », qui devait être dévolu à « une seule Cour suprême, et à des tribunaux inférieurs que le Congrès peut de temps à autre ordonner et établir ».

Mais cette formulation vague a résolu très peu de questions majeures concernant la structure du pouvoir judiciaire des États-Unis. Même une fois que le nouveau gouvernement créé par la Constitution a commencé ses activités le 4 mars 1789, de nombreux aspects du fonctionnement de la Cour n'avaient pas été résolus et ont été très contestés, même après le processus de débat et de rédaction de près de deux ans qui a conduit à la Constitution et à son adoption par la Convention constitutionnelle et, par la suite, par les conventions dans les États. Bien que de nombreuses questions soient restées sans réponse, il n'y avait aucune confusion quant au fait que les conséquences pour la nouvelle nation soient considérables.

Par exemple, les auteurs de la Constitution n'avaient pas précisé la portée du pouvoir judiciaire fédéral et la façon dont il serait exercé. L'article III de la Constitution a établi la Cour suprême, mais en raison d'un désaccord entre les rédacteurs, le document ne précisait pas les autres tribunaux qui pourraient exister au-dessous de la Cour suprême, et comment les tribunaux fédéraux pourraient se rapporter aux tribunaux d'État. En outre, la Constitution n'exigeait pas un nombre déterminé de juges. Toutes ces questions ont finalement été laissées au Congrès pour y répondre.

En 1789, le premier Congrès des États-Unis s'est réuni à New York au Federal Hall en avril, avec un accent immédiat mis sur la façon de structurer un système judiciaire national. Avec de nombreuses visions concurrentes, le comité travaillant sur le projet de loi a produit un compromis entre ceux favorisant un système judiciaire fédéral fort, et ceux souhaitant protéger le rôle des États dans l'interprétation et l'application de la Constitution. Le 24 septembre, le *Judiciary Act* de 1789 a été promulgué par le président George Washington. Quatre mois après l'adoption par le Congrès de la loi sur le pouvoir judiciaire, la Cour suprême s'est réunie pour la première fois. Le 2 février 1790, trois juges associés et le juge en chef Jay convoquèrent la Cour au Royal Exchange de New York. La première Cour suprême a donc été créée avec six juges, dont un juge désigné juge en chef et les autres juges associés. La Loi a également établi la compétence initiale et d'appel de la Cour – c'est-à-dire les causes qui lui seraient soumises en appel et celles qui seraient dûment portées devant la Cour suprême en première instance – et a créé un système de tribunaux fédéraux inférieurs. Il est important de noter qu'à l'article 25 de la loi, la Cour suprême des États-Unis a été établie comme la plus haute cour du pays par son pouvoir de réviser certaines décisions des cours suprêmes des États.

À l'appui de la loi, des partisans tels que le sénateur américain du Connecticut Oliver Ellsworth, son principal rédacteur (et futur juge en chef des États-Unis), ont fait valoir qu'un système judiciaire fédéral plus complet offrirait de meilleures protections pour les droits constitutionnels que de s'appuyer sur les tribunaux des États. À cette fin, la loi á créé deux types de tribunaux fédéraux inférieurs : les tribunaux de district et les tribunaux de « circuit. » Initialement, il y avait 13 tribunaux de district et six tribunaux de circuit, chacun des six juges étant compétent, dans son circuit, pour entendre les appels des tribunaux de district. À la fin du XVIIIème siècle et au début du XIXème siècle, le fardeau de cet aspect de la justice était lourd, car les voyages étaient difficiles et prenaient beaucoup de temps.

L'attribution par la loi de fonctions itinérantes aux juges de la Cour suprême s'est avérée l'une des caractéristiques les plus importantes et les plus controversées du système judiciaire américain pour son premier siècle d'existence. Le système de conduite sur circuit liait la Cour aux circuits, tant en termes numériques que géographiques. Le nombre initial de sièges à la Cour a été fixé à six, ce qui a permis une répartition égale entre les trois circuits. Bien qu'elle ait nécessité des déplacements importants et difficiles, attirant les plaintes des juges, la pratique de la conduite itinérante a obligé les juges à quitter la capitale et à se rendre à la périphérie du pays, où ils se sont mêlés à un large éventail d'avocats et de plaideurs. Lorsqu'ils entendaient des affaires sur circuit, les juges agissaient en tant que juges de première instance, les obligeant à traiter des questions de fait, à instruire les jurys et à rendre des décisions sur la procédure et la preuve.
L'adoption de la Loi sur la magistrature n'a pas résolu la controverse sur le pouvoir, la compétence et le rôle de la Cour dans le nouveau gouvernement. Ainsi, le Congrès a continué d'apporter des changements à certains aspects de la composition et des pratiques de la Cour. Mais ce n'est pas seulement la structure du pouvoir judiciaire qui a été étroitement combattue, mais aussi sa substance et sa portée, des débats sont devenus très animés dès le début – et en particulier pendant la présidence du successeur de George Washington, John Adams.
Adams, le deuxième président des États-Unis, a nommé John Marshall juge en chef de la Cour suprême. Au cours de son long mandat, Marshall a laissé une empreinte durable sur l'évolution de la jurisprudence et en particulier sur l'étendue du pouvoir de la Cour. Au cours de ses 34 années au pouvoir, il a affirmé la compétence de la Cour pour l'examen des actions d'autres branches du gouvernement et a revendiqué le pouvoir de déclarer leurs

actions inconstitutionnelles. Sa vision était celle d'un gouvernement national doté de pouvoirs puissants plutôt que d'une simple confédération d'États.
En 1803, la Cour Marshall a rendu une décision qui a eu un grand impact sur le droit américain et le rôle de la Cour. Dans l'affaire *Marbury c. Madison*, la Cour a habilement confirmé des pouvoirs clés pour la Cour tout en semblant restreindre le pouvoir dont elle disposait. Les deux affaires sont nées d'importants différends politiques – l'élection de 1800 – et ont dû être retardées parce que le Congrès sous le président Jefferson (le troisième président américain et opposant à Adams) avait reporté le mandat de la Cour en 1802 afin de contrecarrer les décisions de la Cour.
Marbury c. Madison est connu comme l'affaire qui a établi le contrôle judiciaire dans le système américain – c'est-à-dire que les tribunaux avaient le pouvoir de statuer sur la constitutionnalité des mesures prises par d'autres branches du gouvernement. Ce que l'on sait moins, c'est que la Cour a affirmé ce rôle puissant, qui n'était pas inscrit dans la Constitution, en partie en arguant de son incompétence pour ordonner au secrétaire d'État James Madison de délivrer une commission à William Marbury pour un poste de juge de paix. Marbury avait clairement droit à la commission et cherchait un recours approprié pour le refus de la commission – un bref de mandamus. Mais le juge en chef a déclaré que la Cour ne pouvait pas faire droit à l'action demandée parce que la disposition législative sur laquelle Marbury s'appuyait pour donner compétence à la Cour dépassait l'autorité du Congrès. Et donc la Cour ne pouvait pas émettre le mandamus.
Mais bien qu'il ait conclu que la Cour n'avait pas le pouvoir d'accorder le recours, le juge en chef Marshall a affirmé un pouvoir beaucoup plus grand : la capacité de déclarer les actes du Congrès inconstitutionnels. Il s'agissait d'un « contrôle judiciaire ». À l'aide de cet outil, Marshall

déclara que la disposition de l'article 13 de la loi sur le pouvoir judiciaire de 1789 « ne semble pas être justifiée par la Constitution ». En arrivant à cette conclusion, Marshall a écrit l'un des passages les plus cités du droit constitutionnel américain :

> « C'est avec insistance la province et le devoir du ministère de la Justice de dire ce qu'est la loi. Donc, si une loi est en opposition avec la Constitution ; si la loi et la Constitution s'appliquent à un cas particulier, de sorte que le tribunal doit soit statuer sur cette affaire conformément à la loi, sans tenir compte de la Constitution ; ou conformément à la Constitution, sans tenir compte de la loi ; le tribunal doit déterminer laquelle de ces règles contradictoires régit l'affaire. C'est l'essence même du devoir judiciaire. »

Alors que le contrôle judiciaire n'était pas nouveau dans le droit américain en 1803, car de nombreux tribunaux américains, y compris les tribunaux coloniaux avant la révolution, avaient affirmé le pouvoir d'invalider la législation, la Constitution ne faisait pas explicitement référence au contrôle judiciaire. Marshall, cependant, a tiré le pouvoir de contrôle judiciaire de l'article III (établissant la Cour suprême), la clause de suprématie de l'article VI (qui a fait de la Constitution la loi suprême du pays), et s'est fondé sur la pratique historique et le fait même d'une Constitution écrite, qui exigeait une institution chargée de son application. Ainsi, dans l'affaire *Marbury*, Marshall a définitivement revendiqué le contrôle judiciaire en tant que principe du droit américain, la Cour ayant le pouvoir « de dire ce qu'est la loi ».

Ce n'était pas encore ce que nous appellerions la suprématie judiciaire. Le contrôle judiciaire peut être distingué de la suprématie judiciaire en le définissant comme le fait « qu'une cour fédérale peut examiner la constitutionnalité de lois (ou d'actions exécutives) et refuser de les appliquer dans les procédures judiciaires si elle les juge inconstitutionnelle ». En revanche, la suprématie judiciaire « signifie que l'interprétation de la Constitution par les tribunaux fédéraux est supérieure à celle des autres branches ». La question de savoir où se situe la ligne entre ces deux approches a fait l'objet de nombreux différends depuis la décision de *Marbury*.

L'élection d'Andrew Jackson en 1828 a marqué une nouvelle phase dans la compréhension du rôle de la Cour. Jackson a revendiqué de larges pouvoirs pour lui-même en tant qu'exécutif pendant ses deux mandats de 1829 à 1837 et est soutenu par une nouvelle organisation politique basée sur des partis et des identités régionales encore plus fortes. Jackson s'est concentré sur le maintien de l'esclavage, de la suprématie blanche, de la poussée vers l'ouest, tuant et déplaçant les Indiens en cours de route. La Cour ne s'est pas opposée à ses projets, mais est devenue un point focal pour les différends sur la direction que la nouvelle nation suivrait dans son expansion vers l'ouest et la poursuite et croissance possible de l'esclavage.

Dans les années qui ont suivi la présidence de Jackson, la Cour est devenue tristement célèbre pour sa décision de 1857 *Dred Scott c. Sandford*, dans laquelle le juge en chef Taney a écrit que les personnes d'ascendance africaine « ne sont pas incluses, et n'étaient pas destinées à être incluses, sous le mot « citoyens » dans la Constitution, et ne peuvent donc revendiquer aucun des droits et privilèges que cet instrument prévoit et garantit aux citoyens des États-Unis ». Pour Abraham Lincoln, cela est devenu la base de sa campagne de 1858 pour le Sénat des États-Unis, qualifiant la décision d'« erronée » en droit et affirmant qu'elle conduirait à « la propagation de l'esclavage de l'homme noir ». Une fois élu président, il utilisa son premier discours inaugural en mars 1861, pour critiquer la Cour et *Dred Scott*, et les dénoncer comme un danger pour la démocratie :

> « [L]e citoyen candide doit avouer que si la politique du gouvernement, sur des questions vitales touchant l'ensemble du peuple, doit être irrévocablement fixée par des décisions de la Cour suprême dès qu'elles sont prises, dans des litiges ordinaires entre parties dans des actions personnelles, le peuple aura cessé d'être ses propres dirigeants, ayant dans cette mesure pratiquement démissionnée de son gouvernement entre les mains de cet éminent tribunal. »

En d'autres termes, ce que Lincoln suggérait, c'est qu'une démocratie ne pouvait pas permettre à un tribunal de rendre des décisions non révisables qui contrôlaient le peuple pour toujours. De nombreux présidents ont critiqué les décisions de la Cour suprême, mais l'argument de Lincoln était plus vaste, remettant en question la doctrine de la suprématie judiciaire (et peut-être même du contrôle judiciaire) dans un système d'élections populaires. Avec la sécession des onze États confédérés, son parti, le Parti républicain, qui contrôlait le Congrès en 1858, a pu se concentrer sur les réformes des tribunaux pour leur permettre de servir « en partenaire contre le Sud ». Le plus important, cependant, a été les changements constitutionnels provoqués par la guerre civile et la reconstruction qui ont nécessité des changements profonds dans les opérations de la magistrature fédérale, leur donnant plus de pouvoirs pour entendre les affaires.

Mais tout comme la Cour réactionnaire de *Dred Scott* s'était fermement rangée du côté des esclavagistes et des suprémacistes blancs, le tribunal de l'après-guerre civile a contrecarré les efforts visant à fournir des protections solides aux droits des personnes nouvellement libérées en vertu des nouveaux amendements à la Constitution (13, 14 et 15) et de la législation du Congrès sur les droits civils. L'article 1 du 14ème amendement se lit comme suit :

> « Toutes les personnes nées ou naturalisées aux États-Unis, et soumises à sa juridiction, sont des citoyens des États-Unis et de l'État dans lequel ils résident. Aucun État ne peut adopter ou appliquer une loi qui abrégera les privilèges ou immunités des citoyens des États-Unis ; aucun État ne peut non plus priver une personne de la vie, de la liberté ou de la propriété, sans procédure régulière ; ni refuser à quiconque relevant de sa juridiction l'égale protection des lois. »

Malgré les espoirs de larges protections des droits civils des Noirs d'après des nouveaux amendements, la Cour, dans les affaires *Slaughter-House (*1873*)*, a émis une interprétation très étroite du 14ème amendement, limitant son application aux seuls droits civils formels et non aux droits économiques. Cette affaire était importante parce qu'elle a servi de fondement, trois ans plus tard, à la décision dans l'affaire *États-Unis c. Cruikshank* (1876) qui a traité du tristement célèbre massacre de Colfax en Louisiane, dans lequel une foule de justiciers blancs a tué entre 60 et 150 Afro-Américains, ainsi que trois hommes blancs. Ces miliciens avaient été condamnés pour violence, mais la Cour a néanmoins conclu que le 14ème amendement ne protégeait pas les citoyens contre les privations de droits par les États ou les parties privées, mais seulement par le gouvernement fédéral.

Au cours de la décennie suivante, la Cour a entendu de nombreuses affaires portant sur cette législation et ces amendements et, dans chaque cas, elle a limité les droits ou a jugé inconstitutionnelles les lois sur les droits civils adoptées par le Congrès pour atteindre les objectifs des amendements. L'une des lois les plus importantes adoptées en vertu de ces amendements, le *Civil Rights Act* de 1875, visait à « protéger tous les citoyens dans leurs droits civils et légaux » et fournissait à tous les citoyens, quelle que soit leur couleur, l'accès aux logements publics, y compris les écoles publiques, les églises, les théâtres et les transports, ainsi que le service de jury ». La loi a été de courte durée, cependant, parce que dans les affaires de droits civils de 1883, la Cour a invalidé des dispositions clés de la loi, jugeant que ni le 13ème ni le 14ème amendement ne permettaient au gouvernement fédéral de traiter du comportement privé, seulement des actions des États. Comme l'a fait remarquer un historien, « les droits de l'individu ont prévalu sur les inégalités sociales évidentes que les fonctionnaires fédéraux ont cherché à corriger ». Le gouvernement fédéral a donc été dépourvu des outils dont il disposait pour s'attaquer aux vastes inégalités de la société américaine fondées sur la race en raison des décisions de la Cour.

Simultanément, le Nord, qui s'industrialisait rapidement et craignait la montée des syndicats, est également devenu moins intéressé à promouvoir des politiques fortes pour protéger les Noirs en raison de l'impact que cela pourrait avoir sur les droits des travailleurs. Les interprétations de la Cour ont ainsi permis d'enraciner un système de ségrégation, sans grande contestation. Ce système est devenu connu sous le nom de « *Jim Crow* ».

Pendant ce temps, le Congrès a réformé la Cour, mais pas d'une manière qui répondait à son interprétation exiguë de la Constitution. Ainsi, le Congrès a adopté une loi qui a établi les cours d'appel intermédiaires qui ont finalement permis aux juges de la Cour suprême d'arrêter de « faire du circuit ». Cela a permis à la Cour suprême d'entendre moins d'affaires et a ainsi donné aux cours d'appel intermédiaires le dernier mot sur de nombreuses questions juridiques et constitutionnelles.

À la fin du XIXème siècle, la Cour apparaît comme étant au service des riches et des puissants. La Cour a été perçue comme utilisant son pouvoir de contrôle judiciaire pour renforcer les intérêts des plus faibles, en particulier parce qu'elle a invalidé de nombreuses lois et règlements qui visaient à protéger les travailleurs et les consommateurs. En effet, entre 1864 et 1895, la Cour a jugé inconstitutionnelles une moyenne de trois lois étatiques par an, beaucoup plus que la norme avant la guerre civile de moins d'une loi par an. L'industrialisation croissante des États-Unis avait suscité de nombreuses lois pour freiner les plus grands maux du capitalisme à outrance. Mais la Cour était hostile à toutes ces tentatives. Les critiques de la Cour ont contribué à alimenter le mouvement progressiste qui a travaillé à amender la Constitution pour prévoir un impôt national sur le revenu, exiger des élections directes des sénateurs plutôt que par le biais des législatures des États, et finalement le vote pour les femmes en 1919.

La campagne présidentielle de Theodore Roosevelt en 1912 s'est concentrée sur l'antagonisme de la Cour avec des lois progressistes telles que les lois sur les salaires et les heures pour gagner le soutien de sa candidature. Il est revenu à la politique après avoir déjà été président, contrarié en particulier contre la récente décision de la Cour dans *Lochner c. New York*, qui a annulé une limite sur les heures pouvant être travaillées par les boulangers, s'ajoutant à une série de décisions de la Cour contre la législation protectrice du travail. Roosevelt a fait valoir que la Cour avait « mis à rude épreuve (et, en fait, à mon avis, violé) la Constitution afin de soutenir une philosophie de ne rien faire qui s'est partout complètement effondrée lorsqu'elle est appliquée aux conditions réelles de la vie moderne ». Il a même proposé que les décisions judiciaires invalidant une loi comme inconstitutionnelle puissent être annulées par un vote du peuple : « Lorsqu'un juge tranche une question constitutionnelle, lorsqu'il décide de ce que le peuple dans son ensemble peut ou ne peut pas faire, le peuple devrait avoir le droit d'invalider cette décision s'il pense qu'elle est mauvaise ». Bien que cette proposition se concentre sur les tribunaux des États, Roosevelt a admis en privé qu'il pensait que le peuple devrait également être en mesure d'interpréter la constitution fédérale et de contredire la Cour suprême.

Bien que Roosevelt n'ait pas remporté l'investiture du Parti républicain lors de cette élection, les militants et les penseurs progressistes ont continué à critiquer la Cour pour son assaut contre la démocratie. Leurs appels à la réforme ont échoué jusqu'à la Grande Dépression. À ce moment-là, en 1936, l'action continue de la Cour pour faire obstacle à la législation prévoyant des salaires minimums, des heures maximales, limitant le travail des enfants et prévoyant la sécurité sociale est devenue un point chaud pour l'action politique. Après une victoire écrasante pour un second mandat, le président Franklin Delano Roosevelt s'est concentré sur la refonte de la Cour. Sa législation visant à fournir un « *New Deal* » avait été bloquée par les conclusions d'inconstitutionnalité de la Cour. En réponse, Roosevelt est allé de l'avant avec un plan audacieux et agressif pour refaire la Cour et les tribunaux fédéraux dans leur ensemble, mettant en avant en 1937 un ensemble de réformes qui permettraient au président de nommer un juge supplémentaire aux tribunaux fédéraux pour chaque juge qui a atteint l'âge de 70 ans sans prendre sa retraite. Les critiques l'ont qualifié de « *court-packing* » parce que cela

permettrait à FDR de nommer six juges supplémentaires à la Cour suprême, ce qui lui permettrait de prendre le contrôle de la direction de la Cour et, en fin de compte, d'obtenir l'approbation de sa législation.
Voyant dans quel sens le vent soufflait, la Cour a fait volte-face : le 29 mars 1937, la Cour suprême a rendu sa décision dans *West Coast Hotel Co. c. Parrish*, confirmant une loi sur le salaire minimum de l'État pour les femmes qui était assez similaire à celle qu'elle avait invalidée un an plus tôt. Quelques jours plus tard, le 12 avril, elle a rendu l'arrêt *NLRB c. Jones & Laughlin Steel Corp.*, qui a confirmé la loi nationale sur les relations de travail, une loi protégeant le droit de s'organiser et d'adhérer à un syndicat. Le mois suivant, le 24 mai, la Cour a confirmé les dispositions de la loi de 1935 sur l'indemnisation du chômage, semblant atténuer l'agressivité de son contrôle judiciaire. Les juges ont voté à 5 voix contre 4. Cette apparente volte-face a été surnommée le « changement dans le temps qui a sauvé neuf » et « la révolution constitutionnelle de 1937 ». Et les juges plus âgés ont commencé à prendre leur retraite, ce qui a permis à FDR de les remplacer par des alliés. FDR n'avait plus besoin d'ajouter des juges à la Cour pour obtenir ce qu'il voulait. Bien qu'il n'ait pas fait passer son plan par le Congrès pour élargir la Cour, Roosevelt a finalement gagné la guerre en faisant passer son programme par le Congrès.
Ce changement à la Cour a marqué un tournant majeur. La nouvelle Cour s'en remettait au Congrès et au président, en particulier dans les affaires qui contestaient la législation comme allant au-delà des pouvoirs constitutionnels accordés au Congrès. Au cours des années suivantes, la Cour s'en est généralement remise aux branches élues, y compris dans la tristement célèbre affaire *Korematsu* qui a affirmé le droit du gouvernement des États-Unis de rassembler les Américains d'origine japonaise vivant sur la côte ouest et de les forcer à vivre dans des camps de

détention pendant la Seconde Guerre mondiale. Mais la Cour s'est également fait connaître pour sa reconnaissance des droits constitutionnels des Noirs américains, contribuant ainsi au démantèlement du régime Jim Crow. La décision de 1954 sur la déségrégation scolaire, *Brown c. Board of Education*, était très controversée parmi les suprématistes blancs du Sud. Au moment où elle a été publiée, certains responsables du Sud ont contesté le statut de la Cour en tant qu'arbitre final de la Constitution, affirmant que les « droits des états » laissaient le contrôle des droits civils des Afro-Américains en vertu du 14ème amendement, et de la déségrégation scolaire en particulier, aux gouvernements des États.
En 1956, dix-neuf sénateurs et soixante-dix-sept membres du Congrès, tous originaires d'anciens États confédérés, ont signé un document intitulé « La Déclaration des principes constitutionnels », qui est devenu plus tard connu sous le nom de « Manifeste du Sud ». Ils ont prétendu fonder leurs arguments sur des théories de la souveraineté des États des XVIIIème et XIXème siècles, associées à James Madison et John C. Calhoun, entre autres. Le membre du Congrès Howard Smith de Virginie, s'adressant à la Chambre des représentants, a déploré que le navire de l'État ait « dérivé de ses amarres » et a qualifié le bilan de la haute cour, en matière de droits civils de « déviation répétée » de la séparation des pouvoirs et de l'autonomie constitutionnelle implicite des États.
En outre, l'arrêt *Brown* a inspiré de nombreuses propositions visant à modifier la Constitution, notamment en permettant au Sénat d'annuler une décision suprême dans les cas « où les questions des pouvoirs réservés aux états, ou au peuple, sont directement ou indirectement impliquées et tranchées, et qu'un état est partie ou intéressé par une telle question » ; fixer des limites de mandat pour les juges fédéraux et modifier leur processus de sélection ;

permettre aux états d'annuler certaines décisions de la Cour suprême ; supportant création d'une « Cour de l'Union » composée de juges des cours suprêmes des états, ayant le pouvoir de réviser les décisions de la Cour suprême en ce qui concerne « les droits réservés aux états ou au peuple » par la Constitution ; et établir que seuls les états avaient « compétence sur les systèmes scolaires publics dans les états distincts ». Bien qu'aucun de ces amendements n'ait abouti, des idées similaires ont été soulevées avant et par la suite – de droite comme de gauche – pour réduire le pouvoir de la Cour, comme nous le verrons plus loin dans ce livre.

À partir de 1953, la Cour dirigée par le juge en chef Earl Warren, qui est resté à la Cour jusqu'en 1969, a continué à susciter la colère et la protestation de la droite. Sous sa direction, la Cour s'est penchée sur un certain nombre de questions sociétales importantes qui étaient très controversées, notamment les droits des accusés et le droit de bénéficier des garanties d'une procédure régulière. C'était pour certains Américains une reconnaissance des droits civils et humains, mais les décisions ont été décriées par d'autre, considérant qu'elles faisaient preuve d'un « activisme judiciaire » et sapaient les branches élues par le peuple. Ces critiques ont même créé une campagne « *Impeach Earl Warren* » avec des publicités et des panneaux d'affichage à travers les États-Unis.

L'un des domaines de décisions de la Cour suprême qui a eu un impact particulier concernait six affaires plaidées ensemble en novembre 1963 et jugées en juin 1964. Connus collectivement sous le nom de « cas de redistribution », *Reynolds c. Sims* et *Lucas c. Quarante-Quatrième Assemblée générale du Colorado*, étant la plus célèbre, les décisions ont effectivement invalidé la répartition de presque toutes les législatures des États. Selon la Cour, les circonscriptions électorales au sein d'un État ne pouvaient pas simplement refléter les subdivisions politiques existantes telles que le comté, mais devaient adhérer au principe « une personne, une voix » – cela signifiait essentiellement exiger que les circonscriptions électorales de toute législature des États aient une population égale. Au moment des arrêts de la Cour, de nombreux États du Sud ont dilué agressivement les votes des résidents noirs et urbains.

Les décisions de la Cour ont provoqué une réaction négative parmi les suprémacistes blancs. À la Chambre des représentants, des députés en colère ont adopté une loi interdisant aux tribunaux fédéraux d'entendre des affaires sur la répartition législative – le projet de loi pas adopté par le Sénat. Certains ont également tenté d'amender la Constitution pour annuler la décision de la Cour, mais n'ont pas réussi à atteindre les deux tiers des États requis par l'article V de la Constitution pour obliger le Congrès à convoquer une convention pour proposer des amendements. Les efforts visant à modifier la Constitution se sont heurtés à un autre obstacle : les États nouvellement réorganisés ne voulaient pas revenir en arrière. Après que « une personne, une voix » soit devenue la loi et que les districts aient été redistribués, ces législatures des États ont été constituées en partie de personnes représentant ceux qui n'avaient pas eu de représentation auparavant. Ils ne souhaitaient pas y renoncer.

Des luttes similaires avec des propositions similaires de réforme de la Cour ont eu lieu après que des décisions de la Cour ont conclu que la prière à l'école était incompatible avec la séparation constitutionnelle de l'Église et de l'État, que le fait de brûler le drapeau est un mode d'expression protégé en vertu du Premier amendement et, à mesure que la Cour devenait de plus en plus conservatrice, que des sommes d'argent illimitées pourraient financer les partis politiques également sous le couvert d'une parole protégée. Ces luttes sur le rôle approprié de la Cour se poursuivent.

Chapitre 2 : La Cour et Le Pouvoir de régler l'économie, la santé, le climat

Comment la Cour suprême des États-Unis est-elle devenue si puissante pour décider quels types de réglementation peuvent être adoptés par les autres branches du gouvernement ? En particulier, comment la Cour suprême a-t-elle examiné les lois traitant des problèmes économiques et sociaux, y compris les règles sur le lieu de travail, les soins de santé et l'environnement ? Ce sont les domaines clés de la réglementation gouvernementale dans lesquels la Cour suprême a exercé son pouvoir de contrôle judiciaire de manière plus ou moins agressive selon le moment de l'histoire des États-Unis.

Les États-Unis ont maintenant une Cour suprême qui a décidé d'empêcher le Gouvernement fédéral de répondre à une pandémie avec les réglementations nécessaires, d'annuler les protections de longue date pour les droits reproductifs des femmes et de permettre un accès sans entrave aux armes à feu dans les rues des grandes villes américaines. Moins visible pour de nombreux Américains est le rôle central joué par la Cour dans l'accroissement des inégalités de richesse actuellement. Tout comme la Cour au milieu des années 1930, la Cour suprême actuelle semble déterminée à contrecarrer les efforts d'une majorité nationale pour faire face aux crises actuelles.

Pour certains, la réponse est de changer les juges, de limiter leur mandat ou d'élargir la Cour pour contrer l'influence pernicieuse de ceux qui servent actuellement – des réformes qui seront abordées dans les chapitres suivants. À vrai dire, j'ai été membre de la Commission de la Cour suprême du président Biden qui a étudié de telles réformes et je soutiens tout ce qui précède. Mais ceux qui essaient de comprendre la Cour suprême des États-Unis devraient également reconnaître que la prééminence du rôle de la Cour dans l'élaboration des politiques et l'interprétation constitutionnelle n'est pas acquise. Et, par conséquent, une manœuvre juridique n'est pas le seul moyen de faire avancer une vision constitutionnelle. En effet, un examen attentif de l'Histoire montre que les Américains croyaient en la contestation populaire sur le sens de la Constitution et reconnaissaient que ces débats ne portaient pas principalement sur la théorie juridique abstraite, mais sur l'économie et la politique.

En guise d'introduction, il est important de réfléchir au rôle du droit constitutionnel dans notre système. En général, le droit constitutionnel traite du dilemme le plus fondamental de la pensée libérale. Dans les grandes sociétés modernes, il existe une grande diversité d'opinions sur le type de pays que nous devrions avoir. Aux États-Unis comme partout, les gens ont des expériences de vie radicalement différentes – différentes religions, philosophies politiques et codes moraux. Ces différences produisent des visions différentes de ce que le Gouvernement devrait ou ne devrait pas faire. Ainsi, par exemple, le Gouvernement a-t-il l'obligation de reconnaître le mariage entre personnes de même sexe ? Doit-on permettre aux travailleurs d'adhérer à un syndicat ? Est-il acceptable que le Gouvernement force les gens à souscrire une assurance contre leur gré ? L'utilisation des quotas raciaux dans l'attribution des sièges à l'université publique par le Gouvernement est-elle problématique ?

Chaque pays doit trouver un moyen de régler ces désaccords afin qu'ils ne deviennent pas incontrôlables et que nous nous retrouvions dans la guerre civile ou le chaos. Les exemples de ces pays sont malheureusement trop courants – par exemple, le Yémen, la Syrie ou la Birmanie. Dans d'autres pays, le danger est l'autocratie au lieu de la guerre — la Russie, La Corée du Nord, ou La Chine. Pour le théoricien politique Thomas Hobbes, dans son célèbre livre *Le Léviathan*, un dirigeant fort était la seule réponse

au chaos. Dans une démocratie constitutionnelle, cependant, nous recherchons une voie médiane.
Les théoriciens démocratiques croient que nous pouvons construire un gouvernement qui peut maintenir l'ordre sans devenir dictatorial. Construire un tel système nécessite un mécanisme permettant néanmoins aux personnes qui ne sont pas d'accord sur le bien-fondé d'une décision de se sentir obligées de la respecter. La question est donc de savoir comment le Gouvernement peut être ou paraitre légitime lorsqu'il commet inévitablement des actes violant les croyances fondamentales du peuple.
Aux États-Unis, on a pensé que la Constitution était la réponse à ce problème. La Constitution a été acceptée comme légitime, de sorte que lorsque les institutions créées par la celle-ci résolvent les différends, ces résolutions sont également considérées comme légitimes. Parce que tous (ou la plupart) les Américains croient en sa légitimité, par conséquent, tout le monde accepte (même si on ne les aime pas) les résultats obtenus conformément à ses mécanismes de résolution des différends.
Considérant que les États-Unis sont la plus ancienne démocratie du monde, on pourrait dire que la solution a plutôt bien fonctionné, mais il y a aussi des problèmes assez évidents avec elle. En particulier, il y a trois grandes questions sur le droit constitutionnel :
Pourquoi devrions-nous résoudre un problème comme la Constitution pourrait nous le dire ? Beaucoup conviendraient que les rédacteurs de la Constitution étaient assez brillants, mais toutes leurs idées n'ont pas résisté à l'épreuve du temps. Pourquoi devrions-nous faire ce qu'ils pensaient être juste plutôt que ce que les Américains contemporains pensent être juste ?
Mais même en supposant que nous devrions régler une question par référence à la Constitution, comment le fait de se référer au document répond-il à la question ? La

Constitution a été adoptée en 1787 en utilisant des expressions vagues comme « pouvoir exécutif » ou « commerce entre les différents États » ou « nécessaire et approprié ». Que signifient ces mots ? Et il y a une sous-question – quelle méthode devrions-nous utiliser pour déterminer ce que ces mots signifient ? Regardons-nous l'intention des fondateurs ? Le sens original tel qu'il était compris par le « public » à cette époque ? Et qui était ce « public » ? Surtout pas les Noirs, les femmes, les domestiques sans propriété. Devrions-nous regarder ce que les mots signifient pour l'Américain moyen aujourd'hui ? Ou devrions-nous essayer de trouver le sens qui correspond le mieux à la tradition américaine ? Et quelles traditions devraient compter et lesquelles ne devraient pas compter ? Comment évaluer l'esclavage ou la misogynie dans ce contexte ? Ou devrions-nous considérer le sens qui mène à des résultats justes dans l'examen de ce qui est constitutionnel ?
Et la troisième question importante dans le droit constitutionnel américain est la suivante : si nous ne sommes pas d'accord sur ce que les mots signifient, qui devrait avoir le dernier mot sur le sens constitutionnel ? Les tribunaux, le Président, le Congrès ou le peuple ? En d'autres termes, s'il y a désaccord, comment le désaccord est-il résolu et par qui ?

1. La Rédaction de la Constitution

Les rédacteurs de la Constitution pensaient avoir réussi à équilibrer les deux principales préoccupations qui les ont poussés à rédiger le document de gouvernement pour guider la nouvelle nation : ils cherchaient un gouvernement qui était 1) assez puissant pour « établir la justice, assurer la tranquillité intérieure, assurer la défense commune et promouvoir le bien-être général » selon les termes du préambule de la Constitution ; mais 2) pas si puissant qu'il pourrait opprimer le peuple. En d'autres termes, ils voulaient « assurer les bénédictions de la liberté à nous-mêmes et à notre postérité » – des mots venant encore une fois du préambule.

Comment ont-ils cherché à accomplir les deux choses ? La Constitution a deux stratégies pour faire face à ce dilemme : une stratégie institutionnelle et une stratégie des droits individuels.

1.1 La stratégie institutionnelle

Les rédacteurs ont créé des institutions séparées avec des pouvoirs qui se chevauchent et se disputent, de sorte qu'il ne serait pas possible pour une faction particulière de prendre le contrôle du Gouvernement et de tyranniser le peuple. Cette stratégie comporte, à son tour, deux composantes : la séparation des pouvoirs et le fédéralisme.

1.1.1 Séparation des pouvoirs

Au niveau fédéral, les rédacteurs ont créé un labyrinthe d'institutions qui se chevauchent et qui reflètent différentes circonscriptions – c'est-à-dire que pour qu'une loi soit adoptée, elle doit être adoptée par la Chambre des représentants (dont les membres sont choisis par des élections directes) et le Sénat (qui, à l'époque, était encore plus éloigné du peuple parce que les sénateurs étaient choisis par les législatures des États). Un projet de loi qui a été adopté par les deux chambres du Congrès, cependant, peut être bloqué par un veto présidentiel – mais le Congrès peut toujours voir le projet de loi devenir loi s'il peut passer outre le veto du président avec un vote des deux tiers de chaque chambre. Le président nomme les juges, mais ne peut agir sans consulter le Sénat parce que les candidats à la magistrature fédérale doivent être approuvés par un vote du Sénat. En ce qui concerne les tribunaux, bien que les juges bénéficient de l'indépendance de la permanence à vie (on dispute si les mots de la Constitution — « *The judges, both of the supreme and inferior Courts, shall hold their Offices during good Behaviour,* » signifient à vie ou non, mais on reviendra vers cette question dans les chapitres à suivre) et que leurs salaires ne puissent pas être réduits en représailles à leurs décisions, le Congrès a reçu le pouvoir dans la Constitution de créer les tribunaux inférieurs et pourrait donc les abolir s'il le souhaitait. Il peut augmenter le nombre de ces tribunaux et délimiter leur compétence. En outre, le Congrès peut déterminer même la compétence de la Cour suprême – c'est-à-dire la limiter ou la modifier s'il le souhaite.

1.1.2 Fédéralisme

C'est une autre facette de la stratégie institutionnelle de protection contre la tyrannie. Essentiellement, dans le système américain, en plus d'être divisée entre les branches du gouvernement au niveau fédéral, l'élaboration des lois était également répartie verticalement entre les États et le Gouvernement fédéral. En vertu de la Constitution, le Gouvernement fédéral se voit attribuer certains pouvoirs désignés, mais les États ont un large pouvoir de faire tout le reste (en théorie).

1.2 Stratégie des droits individuels

Lors de la rédaction de la Constitution, certains membres de la convention constitutionnelle se sont d'abord opposés à son adoption parce qu'ils craignaient que le nouveau document ne crée un gouvernement tyrannique qui remplacerait simplement la monarchie dont ils s'étaient libérés. Sous la pression de ces membres de la convention constitutionnelle, appelés les « anti-fédéralistes », le premier Congrès a accepté de compléter la stratégie institutionnelle par une seconde qui protégeait directement les droits individuels et préservait la sphère privée de l'intervention du Gouvernement. La première stratégie visait à protéger indirectement les droits individuels en répartissant le pouvoir entre les branches du Gouvernement fédéral et entre le gouvernement fédéral et des États ; la seconde était conçue pour accomplir la même chose directement en privant le Gouvernement de certains pouvoirs. La question dans le cadre de la première stratégie est de savoir comment le Gouvernement exerce les pouvoirs qui lui ont été conférés, c'est-à-dire quelle branche du Gouvernement fédéral ou si le Gouvernement fédéral ou les gouvernements des États ont un certain pouvoir, tandis que la question en vertu de la deuxième stratégie est de savoir si une branche du gouvernement, étatique ou fédérale, peut chercher à adopter des lois sur un certain sujet, quelle que soit la façon dont elle s'y prend.

À titre d'exemple, supposons que le Congrès adopte une loi obligeant les Américains à souscrire une assurance maladie (comme dans *l'Affordable Care Act*, également connu sous le nom de « Obamacare »). Pour contester une telle loi si l'on ne voulait pas acheter l'assurance, on pouvait faire deux sortes d'arguments :

Tout d'abord, on pourrait dire qu'en vertu de la Constitution, le Congrès n'a jamais eu le pouvoir d'adopter une loi exigeant l'achat d'une assurance maladie et que seuls les gouvernements des États auraient un tel pouvoir. Ce serait un argument fondé sur la première stratégie, la stratégie institutionnelle. Mais on pourrait aussi s'appuyer sur un deuxième type d'argument, celui qui se concentre sur les droits individuels. On dirait alors qu'il importe peu que la loi ait été adoptée par le Gouvernement fédéral ou de l'État parce qu'aucune institution gouvernementale n'a le pouvoir de violer la liberté individuelle (protégée par les premier et 14ème amendements) en exigeant l'achat d'une assurance maladie.

2. Le Pouvoir Judicaire

On ne peut entamer aucune discussion sur le rôle de la Cour dans le maintien de l'ordre dans ces divisions constitutionnelles du pouvoir sans examiner la légitimité et l'étendue du pouvoir judiciaire et ses débuts dans l'affaire *Marbury c. Madison*, mentionnée dans le chapitre précédent. Pour comprendre la stratégie institutionnelle, il faut comprendre comment s'accomplissent les frontières entre les différentes institutions et la protection de la liberté individuelle. Aux États-Unis, ce sont les tribunaux qui ont principalement assumé ce rôle. Et tout au long de l'Histoire des États-Unis, la Cour a été plus ou moins agressive en affirmant ce pouvoir d'intervenir dans ces différends.

Peut-être plus important encore, la Cour a joué ce rôle dans l'application du fédéralisme, c'est-à-dire la répartition des pouvoirs entre le Gouvernement fédéral et les États. Quand on regarde la Constitution, on voit qu'elle ne donne au gouvernement fédéral que des pouvoirs très limités. Le document ne fournit qu'une courte liste de choses que le Congrès peut faire, et certaines d'entre elles (par exemple, la construction de « routes postales » - très importantes lors de la fondation de la nouvelle république) ne sont aujourd'hui pas très importantes. De plus, le 10ème amendement de la Constitution, qui dispose que tous les pouvoirs qui ne sont pas explicitement donnés au Congrès sont réservés aux États, indique clairement que si le pouvoir n'est pas l'un des rares spécifiquement délégués au Gouvernement fédéral, il ne peut pas agir. Ainsi, si l'on n'était pas familier avec les États-Unis, à la lecture de la Constitution, on pourrait penser que le Gouvernement fédéral avait très peu de pouvoir, et fondamentalement qu'il n'a pas été en mesure de faire grand-chose. En particulier, rien dans le document ne prévoit spécifiquement le pouvoir du Congrès d'adopter une législation sur la sécurité sociale, d'établir une agence de protection de l'environnement, d'adopter des protections de soins de santé pour les personnes âgées comme dans Medicare, de réglementer l'âge de la consommation d'alcool ou de servir de garant de prêt pour les étudiants qui empruntent de l'argent pour payer nos universités très chères. L'Histoire des États-Unis confirmerait que pendant une période importante après la fondation du pays, le Gouvernement fédéral n'a en fait exercé que des pouvoirs très limités.

La Cour a également joué un rôle dans l'application des limites entre les pouvoirs des différentes branches du Gouvernement fédéral, également appelées « séparation des pouvoirs » – bien que « freins et contrepoids » soit peut-être la meilleure description. Ce rôle implique les efforts de la Cour pour délimiter les pouvoirs entre le président, le Congrès et les tribunaux. À cet égard, des affaires importantes ont impliqué le pouvoir de déclarer la guerre, le pouvoir d'établir des tribunaux militaires, de forcer le président Nixon à remettre des enregistrements dans le Watergate, la destitution, la loi sur les procureurs spéciaux et le développement d'agences administratives. Ces questions seront abordées dans le chapitre suivant.

Mais le fédéralisme reste la question plus importante du droit constitutionnel. Aujourd'hui, le Gouvernement fédéral a un pouvoir pratiquement illimité et ce sont les États qui sont restreints de manière importante. La question que ce chapitre abordera est de savoir comment nous sommes arrivés à la réaction actuelle de la Cour suprême contre l'exercice du pouvoir fédéral par le Congrès. La question posée par les conservateurs, qui ont critiqué ce qu'ils considèrent comme une expansion illégitime du Gouvernement fédéral, est de savoir si la volonté passée de la Cour d'autoriser une action du Congrès est constitutionnellement légitime. Ou, comme ils le soutiennent, la structure constitutionnelle de base a-t-elle été déformée en permettant au Congrès d'agir pour résoudre ces problèmes nationaux ? C'est peut-être le débat le plus important de la politique constitutionnelle américaine.

Mais comme mentionné, il faut d'abord poser une question qui précède logiquement la question de ce que signifie la Constitution et qui décide de ce qu'elle signifie. La vraie question est de savoir pourquoi nous devrions y prêter attention en premier lieu - c'est-à-dire pourquoi quelqu'un devrait penser que la bonne façon de régler les désaccords est par référence à la Constitution.

Si vous y réfléchissez, l'idée que nous devrions y prêter attention est assez étrange. La Constitution des États-Unis a été écrite il y a plus de 200 ans. Personne en vie aujourd'hui ne l'a acceptée ou n'a rien à voir avec sa rédaction. Oui, les auteurs l'ont écrit très intelligemment, mais ils avaient aussi des idées très étranges et très mauvaises. Quoi qu'il en soit, ils ne savaient bien sûr rien du tout de notre monde actuel. Si vous posiez la question de savoir si les Américains devaient obéir à la Constitution américaine ou à la Constitution moderne de la Cinquième République française, à bien des égards, la Constitution française aurait beaucoup plus de sens.

Mais rien de tout cela ne poserait de problème si nous étions tous en accord avec ce qui est dans la Constitution. Mais nous ne le sommes pas. En plus, nous avons le problème de l'Histoire de la Constitution. La Constitution des États-Unis a embrassé l'esclavage. Pourquoi diable quelqu'un aurait-il dû obéir à la clause de l'esclave fugitif ? Il n'y a rien d'explicitement offensant maintenant dans la Constitution — puisque les articles traitant de l'esclavage ont été supprimés par le biais d'amendements — mais il y a encore des problèmes. Considérons, par exemple, l'article II, section 5, clause 5 : « Nul autre qu'un citoyen né naturellement, ou un citoyen des États-Unis au moment de l'adoption de la présente Constitution, ne peut être éligible à la fonction de président. » Supposons que les « accoucheurs » (les gens qui prétendaient que Barack Obama était né au Kenya et non au Kansas) avaient raison, et qu'Obama n'était pas en fait un citoyen né, serait-ce une bonne raison de voter contre lui ? Ou, comme des gens comme Donald Trump l'ont fait valoir, ce langage devrait-il être la base pour l'empêcher constitutionnellement d'être élu ? En d'autres termes, cet article devrait-il être modifié pour refléter le fait que de nombreux Américains sont nés dans un autre pays ? Pour être clair, le président Obama est en effet né aux États-Unis, malgré ce que Trump a affirmé – son l'affirmation était basée sur le racisme et non sur la réalité, évidemment.

Que la Constitution soit considérée comme contraignante pour les Américains est un point fondamental et important. Dans de nombreux cas, les juges de la Cour lisent le même texte de manière radicalement différente selon leurs opinions politiques, par exemple la loi sur les soins de santé d'Obama. Cela devrait-il nous déranger ? Si l'on pense que le droit constitutionnel est l'obéissance au texte, alors il le devrait. Mais si l'on pense qu'il s'agit et devrait être une question de trouver comment faire ce qui est le plus juste, alors c'est peut-être moins un problème. Mais que se passe-t-il si nous ne sommes pas d'accord sur le contenu de la justice ? Et si c'est vraiment de cela qu'il s'agit, la Cour ne devrait-elle pas être honnête et cesser de prétendre qu'elle « interprète » un texte ?

Un aspect intéressant de la Constitution est la mesure dans laquelle la Constitution pré-amendée (avant la Déclaration des droits) se concentre sur des questions structurelles, y compris des détails assez picayunes tels que la façon dont les votes au collège électoral seront comptés, à l'exclusion presque complète de toute discussion sur les droits individuels. On remarquera également à quel point l'article

III, établissant le pouvoir judiciaire national, contient moins de détails que dans les deux premiers articles, établissant le Congrès et l'exécutif. En particulier, la quantité de détails dans l'article premier (ainsi que son emplacement) suggère que les rédacteurs considéraient clairement le Congrès comme la branche la plus importante et la plus puissante du gouvernement.

Mais maintenant, nous savons que ce n'est pas le cas. Alors que la Cour suprême a cherché ces dernières années à retrouver sa primauté dans l'élaboration des lois et pas seulement dans l'interprétation des lois (à l'instar du rôle que la Cour a revendiqué pour elle-même avant son renversement à l'époque du New Deal), le conflit sur qui contrôle l'interprétation et qui a le dernier mot, sur ce que signifie la Constitution est une fois de plus une question centrale de la politique américaine. La Cour actuelle dit que c'est elle, et non le Congrès, le président ou le peuple, qui a le dernier mot sur l'interprétation constitutionnelle. Lorsque le Congrès adopte une loi, les membres de cet organe peuvent penser que leur travail est conforme à la Constitution et ils peuvent penser que la question qu'ils abordent est urgente, mais si la Cour n'est pas d'accord, ils seront bloqués par une conclusion selon laquelle la loi est inconstitutionnelle. La Cour actuelle considère que les pouvoirs du gouvernement sont très limités (sauf lorsqu'il s'agit de contrôler le corps des femmes et les droits reproductifs) et fait donc obstacle à une législation très importante. L'idée que la Cour dispose de ce pouvoir a été contestée, comme mentionné précédemment. Certes, les penseurs et les dirigeants réformistes, de la fondation de la nation au *New Deal* et au mouvement des droits civiques, considéraient le document comme protégeant la démocratie des opportunités et le comprenaient comme anti-oligarchique, favorable à un niveau de vie décent pour tous et inclusif. Ils croyaient en un rôle élargi du Congrès pour protéger les droits et résoudre les problèmes nationaux. Mais parce que la droite a si bien réussi à revendiquer une orientation laissez-faire dans la sens économique pour la Constitution, beaucoup même à gauche semblent croire aujourd'hui qu'il y a des limites strictes constitutionnellement à ce que l'on peut accomplir pour remédier à la grave inégalité et au malaise social actuel dans notre nation.

Pour en revenir au texte de la Constitution, pour comprendre ce débat, il faut comprendre quels pouvoirs ont été affirmés par le Congrès pour adopter des lois pour réguler l'économie ou mener une politique sociale. Plus important encore, le Congrès s'est appuyé sur son pouvoir constitutionnel pour réglementer le commerce interétatique et étranger. Ce pouvoir est à la base des lois les plus importantes et est le plus contesté. Le Congrès s'est également appuyé sur son pouvoir de dépenser et de taxer, son pouvoir de guerre, son pouvoir de ratifier les traités et son pouvoir pour faire respecter les termes du 14ème amendement, l'amendement adopté après la guerre civile pour protéger les droits civils de la population noire nouvellement émancipée. Le pouvoir commercial, cependant, sert de base à la majorité des lois et des règlements adoptés par le Gouvernement en vertu de ces lois.

3. Chronologie du pouvoir juridique

3.1 Le début

Initialement, la Cour a formulé une vision du pouvoir commercial qui était suffisante pour donner au Congrès l'autorité pour le minimum de réglementation qu'il a entrepris au début de l'Histoire de la nouvelle nation. Cependant, à mesure que la nation grandissait et s'industrialisait, le Congrès et les législatures des États ont commencé à adopter plus de réglementation sur l'industrie, l'économie et la politique sociale. La Guerre Civile et ses conséquences ont inauguré une ère dans laquelle le Congrès a commencé à agir plus vigoureusement. L'économie est devenue plus clairement interconnectée à mesure que l'industrie se développait, y compris les chemins de fer, les canaux et la production industrielle ; les problèmes n'étant plus localisés, il devenait difficile d'imaginer un commerce purement interne qui n'affecterait qu'un seul État et pas un autre. Pendant la Reconstruction, la période qui a suivi la guerre civile, les partisans de l'Union victorieuse ont constaté que les droits des anciens esclaves n'étaient pas suffisamment protégés par les gouvernements des États et qu'une intervention nationale était nécessaire. À cette fin, ils ont développé des théories du fédéralisme qui justifiaient un élargissement du pouvoir national. Enfin, la mobilisation de l'économie du Nord pour lutter contre la guerre civile a montré que le pouvoir national pouvait être utilisé efficacement, pour promouvoir la liberté. Les nouvelles industries qui s'étaient développées ont eu un impact majeur sur l'économie en croissance.

Ces développements ont rendu le Congrès de plus en plus disposé à exercer son pouvoir de réglementer le commerce interétatique, parfois pour faire progresser certains types de commerce, mais parfois aussi pour tenter de contenir ses pires excès, comme le monopole et l'exploitation des travailleurs. Des exemples tels que *l'Interstate Commerce Act* de 1887 et le *Sherman Antitrust Act* de 1890 montrent l'aube d'une nouvelle ère. Les actions antérieures du Congrès, telles que la cession de terres publiques à divers groupes, n'avaient pas créé d'opposition ferme à ces politiques (parce que les Indiens qui étaient violemment déplacés n'avaient pas voix dans les couloirs de pouvoir aux États-Unis). Mais le nouveau mode d'action réglementaire a automatiquement généré de telles contestations parce que certaines industries ou certains groupes ont été confrontés à de nouveaux fardeaux réglementaires. Ils ont fait valoir que le Congrès avait outrepassé son pouvoir et que seuls les États pouvaient réglementer leurs activités. En intentant une action en justice, les entreprises et leurs propriétaires ont cherché à fournir des exemples concrets de la façon dont, à leur avis, la législation nationale menaçait la liberté et compromettait l'envergure commerciale nécessaire pour promouvoir la croissance économique. Et le Congrès essayait en effet de limiter l'oligarchie et les vastes concentrations de richesses à l'époque progressiste où la nation assistait à la montée des Carnegie, des Rockefeller et d'autres « *barons* » du charbon, des chemins de fer et de l'acier au détriment de l'idéal d'une nation démocratique et égale.

La législation contestée par ces industriels a pris deux formes. Parfois, le Congrès a imposé une réglementation directement à l'industrie, et parfois il a interdit l'expédition à travers les frontières de l'État de marchandises qui ne remplissaient pas les conditions spécifiées. Le Congrès a agi à la fois pour affecter directement le commerce, c'est-à-dire pour contrôler les méthodes d'expédition ou de transport, mais aussi souvent pour poursuivre des objectifs plus alignés sur le bien-être social que sur le développement économique, tels que les efforts visant à interdire le travail des enfants ou à fixer des heures de travail maximales.

La Cour a d'abord élaboré une jurisprudence complexe qui établissait une distinction entre les marchandises qui étaient uniquement intraétatiques et qui ne pouvaient pas être réglementées ; les marchandises fabriquées à l'intérieur de l'État mais entrées dans le « flux du commerce » parce qu'elles ont été vendues au-delà des frontières de l'État ; et les marchandises qui ont eu un effet substantiel sur le commerce. Inutile de dire que les affaires étaient très incohérentes et ont généralement conduit à la croyance bien

étayée que la Cour était hostile à la réglementation de l'industrie par le Congrès de quelque manière que ce soit. Par exemple, dans une affaire, la Cour a confirmé un règlement fédéral (en vertu de *l'Interstate Commerce Act* de 1887) sur les tarifs des chemins de fer intraétatiques au motif que le pouvoir du Congrès s'étend à toutes les questions « ayant un lien étroit et substantiel avec le trafic interétatique ». Mais dans une autre affaire, l'affaire États-Unis *c. E.C. Knight Co.*, la Cour a jugé inconstitutionnelle l'application de la *Sherman Antitrust Act* à l'acquisition par une raffinerie de sucre d'autres raffineries, éliminant ainsi toute concurrence. Cela s'explique par le fait que la transaction particulière réglementée (fabrication) était intraétatique. Selon la Cour, « bien que l'exercice du [pouvoir de contrôle de la fabrication] puisse avoir pour effet de mettre en jeu l'opération commerciale, elle ne la contrôle pas. Le commerce réussit à fabriquer, et n'en fait pas partie. » Évidemment, dans l'affaire *E.C. Knight*, il ne fait aucun doute que la capacité d'une raffinerie de sucre à facturer des prix de monopole a eu un effet sur le commerce interétatique. Mais la Cour a déclaré qu'un « monopole dans la fabrication, l'agriculture ou l'exploitation minière pourrait restreindre le commerce interétatique, mais c'est un résultat indirect, aussi inévitable soit-il et quelle que soit son ampleur, et un tel résultat ne déterminerait pas nécessairement l'objet du monopole. L'action d'American Sugar n'avait aucun rapport direct avec le commerce interétatique. »
Comparez cette approche, concernant une action anti-monopole contre une entreprise, avec *Coronado Coal C. c. United Mine Workers,* où la même loi anti-monopole (*Sherman Antitrust Act*) a été appliquée à un syndicat. Dans l'affaire Coronado Coal, la Cour a jugé qu'il était parfaitement constitutionnel d'appliquer la loi anti-monopole. Comme la Cour l'a expliqué plus tard : « les

actes des personnes impliquées étaient de nature locale, mais l'intention était de restreindre le commerce interétatique, et les moyens employés ont été calculés pour mener à bien cette intention. Le commerce interétatique était l'objet direct de leur attaque. » Y a-t-il vraiment une différence entre ces cas ? Oui, l'un s'appliquait aux activités d'une entreprise et l'autre aux efforts des travailleurs pour protéger leurs droits ; mais en ce qui concerne la clause de commerce, il est difficile de rationaliser une quelconque distinction. Cela n'a tout simplement pas beaucoup de sens juridique, surtout lorsque la réglementation des monopoles semble clairement être quelque chose que le pouvoir commercial du Congrès devrait être en mesure d'aborder. La Cour a donc montré que son intérêt pour l'issue des affaires semblait plus important que l'application d'une doctrine cohérente. Essentiellement, lorsque la Cour suprême a voulu autoriser un règlement, elle a déclaré que l'activité à réglementer avait un effet direct sur le commerce interétatique. Lorsque la Cour n'aimait pas un règlement, elle disait que l'activité n'avait qu'un effet indirect sur le commerce.

Une autre affaire dans laquelle la Cour a rejeté la législation du Congrès était une loi adoptée après un effort de lobbying de dix ans pour interdire le travail des enfants en promulguant la loi sur le travail des enfants. La loi interdisait le transport dans le commerce interétatique de marchandises produites dans des usines employant des enfants de moins de 14 ans ou employant des jeunes de 14 à 15 ans pendant plus de huit heures par jour, six jours par semaine ou la nuit. Deux enfants, l'un âgé de moins de quatorze ans et l'autre de moins de seize ans, étaient employés dans une filature de coton en Caroline du Nord. Leur père, qui voulait gagner de l'argent sur le travail de ses enfants, a obtenu une injonction contre l'exécution de la loi en raison de son inconstitutionnalité.

Jugeant la loi inconstitutionnelle, la Cour a écrit que :

> « à notre avis, l'effet nécessaire de cette loi est, au moyen d'une interdiction de la circulation dans le commerce interétatique de marchandises commerciales ordinaires, de réglementer la durée du travail des enfants dans les usines et les mines à l'intérieur des États-Unis, une autorité purement étatique. Ainsi, la loi dans un double sens est répugnante à la Constitution. Non seulement elle transcende l'autorité déléguée au Congrès sur le commerce, mais elle exerce également un pouvoir sur une question purement locale à laquelle l'autorité fédérale ne s'étend pas. »

Dans sa dissidence, le juge Oliver Wendell Holmes a écrit que :

> « l'Act ne se mêle de rien appartenant aux États. Ils peuvent réglementer leurs affaires intérieures et leur commerce intérieur comme ils le souhaitent. Mais lorsqu'ils envoient des produits à travers la frontière de l'État, ils ne sont plus dans leurs droits. [Le] bien-être national tel qu'il est compris par le Congrès peut exiger une attitude différente dans ce domaine de celle d'un État égoïste. Il semble tout à fait constitutionnel pour le Congrès de faire respecter sa compréhension par tous les moyens qu'il commande. »

La tristement célèbre décision *Lochner* de la Cour suprême, qui a jugé inconstitutionnelle une loi sur les heures maximales de New York, était très similaire dans sa compréhension exiguë du pouvoir du Congrès à la décision invalidant la loi sur le travail des enfants. Ces décisions ne sont que quelques-unes des nombreuses décisions où la Cour suprême et les tribunaux inférieurs ont adopté un programme antiréglementaire extrême, l'ancrant dans le langage constitutionnel. La Cour suprême a été tellement effrayée par les exigences d'un mouvement social naissant pour la redistribution des richesses qu'elle a utilisé la Constitution comme une épée pour permettre des actions brutales contre la grève, pour bloquer un impôt sur le revenu et pour interdire la réglementation des tarifs de navigation ferroviaire.

3.2 Le « *New Deal* » et Ses Conséquences

De l'après-guerre civile au milieu des années 1930, la Cour a poursuivi cette approche de la réglementation et des efforts pour faire face à l'industrialisation, rejetant continuellement les efforts du Congrès, du pouvoir exécutif et des gouvernements des États pour relever les défis d'une économie en croissance. Bien que ses décisions aient provoqué la colère de plusieurs, la Cour n'a pas été directement contestée jusqu'à ce que la Grande Dépression révèle le rôle préjudiciable de son obstination à limiter la capacité du gouvernement à répondre aux besoins de la population. L'hostilité de la Cour à l'égard de la réglementation a atteint son paroxysme lorsque les États-Unis, comme le reste du monde, ont été embourbés dans la Grande Dépression et tous les maux sociaux qui l'ont accompagnée. Le président Franklin D. Roosevelt a travaillé avec le Congrès pour promulguer un ensemble complet de réformes visant à lutter contre la pauvreté, les problèmes sur le lieu de travail et le développement économique. Le « *New Deal* » du président Roosevelt équivalait à un programme complet et de grande envergure conçu pour affirmer le contrôle fédéral sur l'économie au service de l'aide aux travailleurs sans emploi, permettre aux travailleurs d'adhérer à des syndicats, prévoir des salaires minimums et des heures maximales, et établir des contrôles de production sur les produits agricoles dans le but de contrôler le phénomène « *boom and bust* » dans l'agriculture qui produisaient parfois trop de nourriture avec des prix trop bas pour soutenir les agriculteurs et parfois trop peu de nourriture à des prix trop élevés pour les vendre à une population affamée.

Les quatre juges les plus conservateurs des neuf juges – appelés les « quatre cavaliers de la réaction » – Sutherland, McReynolds, Butler et Van Devanter, qui s'opposaient politiquement à Roosevelt et pensaient qu'il menait le pays à la ruine, ont voté successivement pour annuler les nouvelles lois. Les autres membres de la Cour se répartissaient comme suit : les juges Hughes et Roberts étaient au milieu et les juges Cardozo, Stone et Brandeis étaient beaucoup plus favorables au programme de Roosevelt. Le plus souvent, Roberts ou Hughes ou les deux se sont joints aux conservateurs pour annuler les programmes du *New Deal*, donnant ainsi aux quatre cavaliers un cinquième vote pour annuler une loi. La Cour a commencé à être perçue non pas comme neutre et désintéressée, mais comme politique. De plus, c'était une période de crise économique extrême. L'impression était que la Cour contredisait la volonté de la majorité dans l'intérêt des riches et des puissants.

En réponse, le président Roosevelt, qui avait remporté une énorme victoire aux élections de 1936, a présenté un plan pour élargir la taille de la Cour. Une Cour plus grande lui permettrait de nommer suffisamment de nouveaux juges pour diluer le pouvoir des réactionnaires, un nouveau juge pour chaque juge de plus de 70 ans jusqu'à ce que la taille de la Cour atteigne 15. Son objectif était purement substantiel – avoir une Cour qui maintiendrait son programme législatif. Mais Roosevelt a affirmé que son plan servirait en fait à aider une Cour surchargée de travail et veillerait à ce qu'elle ne soit pas composée uniquement de juges plus âgés. Les juges eux-mêmes ont fait marche arrière, le juge en chef faisant des déclarations publiques disant que la Cour était à jour dans son travail. De plus, l'un des juges que Roosevelt a trouvés les plus favorables était le juge Brandeis, qui était en fait le plus âgé, quelqu'un qui ne voulait pas quitter la Cour. Ses motivations étaient clairement politiques et n'avaient rien à voir avec l'âge ou la taille de la Cour.

En fin de compte, Roosevelt n'a pas eu à aller de l'avant avec ce plan parce que les juges conservateurs de la Cour, qui ont apparemment reconnu que le pays ne tolérerait plus leur obstruction, ont décidé de prendre leur retraite et les décisions de la Cour ont commencé à trouver le programme du *New Deal* constitutionnel. Le résultat a été que la Cour a adopté une nouvelle approche de la clause de commerce, prenant du recul et permettant au Congrès d'adopter une législation avec peu de contraintes. Essentiellement, la Cour comprenait maintenant que s'il y avait désaccord sur la question de savoir si la clause de commerce permettait une certaine réglementation gouvernementale, la Cour n'avait pas le dernier mot à ce sujet et qu'elle s'en remettrait aux branches élues tant que leur approche serait rationnelle. Pendant une grande partie du reste du XXe siècle, cette approche a caractérisé la façon dont la Cour suprême a contesté les actions du Congrès. Par exemple, dans les années 1960, le Congrès, avec les présidents Kennedy et Johnson, a tenté de remédier à l'échec de la protection des droits civils des minorités aux États-Unis, malgré l'adoption des 14ème et 15ème amendements après la Guerre Civile. Dans le Sud, en particulier, les Noirs ont été victimes d'une discrimination agressive en matière de droit de vote, ou d'accès aux installations publiques comme les restaurants, les fontaines et les hôtels, et partout aux États-

Unis, ils ont été victimes de discrimination dans l'embauche et le traitement sur le lieu de travail. En 1964 et 1965, le Congrès a adopté une loi pour lutter contre la discrimination en matière de logement, de vote, d'emploi et d'accès aux logements publics tels que les hôtels et les restaurants, qui interdisaient souvent aux Noirs de manger ou de passer la nuit, même s'ils étaient les seuls services sur un tronçon d'autoroute. La Cour a confirmé la législation, même lorsque les opposants ont tenté de caractériser les activités à réglementer comme étant de nature locale plutôt que relatives au « commerce interétatique » comme l'exige la Constitution. Par exemple, la Cour a conclu que la loi garantissant l'accès des Noirs aux hôtels et aux restaurants était clairement constitutionnelle appliqué à un hôtel situé sur une route principale. Mais la Cour a également conclu qu'un restaurant familial, non utilisé par les voyageurs inter-États, était soumis aux lois sur les droits civils, ce qui a suscité la colère des suprémacistes blancs du Sud qui voulaient conserver la domination blanche aux États-Unis et garder les races séparées. La Cour a estimé que, bien qu'elle n'ait pas conclu que le restaurant local exerçait un effet substantiel sur le commerce, le Congrès pouvait arriver à une conclusion différente.
Soit dit en passant, on pourrait se demander pourquoi le Congrès ne s'est pas appuyé sur le 14ème amendement comme base de la législation. Le 14ème amendement établit une protection égale en vertu de la loi et son texte garantit que tous les citoyens ont les mêmes privilèges et immunités que les autres citoyens. Mais cet amendement, conçu pour avoir une portée puissante, a été rapidement neutralisé par la Cour, dans sa période la plus réactionnaire après la Guerre Civile, qui avait statué que l'amendement ne s'appliquait pas à la conduite privée mais seulement à l'action des États, de sorte que la clause de commerce ne pouvait servir de base à l'affirmation du pouvoir par le

Congrès. Rétrospectivement, il aurait peut-être été préférable pour la doctrine constitutionnelle, et pour la protection des droits civils, que la Cour ait simplement annulé les anciennes affaires lorsqu'elle a confirmé les lois sur les droits civils et permis au Congrès de s'appuyer sur le 14ème amendement – mais c'est de l'histoire ancienne. À l'époque, il n'apparaissait pas que cela était nécessaire parce que la Cour accordait une portée aussi large à la clause de commerce.

3.3 Le Retour Des Conservateurs

Mais au milieu des années 1990, avec une Cour majoritairement conservatrice composée de personnes nommées par les présidents Nixon, Reagan et George H.W. Bush, le vent a commencé à tourner encore vers le passé. À ce stade, la Cour a commencé à invalider un certain nombre de lois fédérales comme dépassant le pouvoir du Congrès en faisant valoir une analyse des droits des États — aux États-Unis, la phrase « des droits des États » signifiant principalement une orientation droitiste. Les décisions de la Cour ont commencé à menotter le Congrès et le Président. Au cours des années 1990, cependant, la Cour n'avait pas bloqué une initiative législative majeure et importante, bien que les lois qu'elle avait bloquées auraient été utiles pour les Américains. Mais ensuite est venu l'*Affordable Care Act*.

La principale initiative législative du président Obama, connue sous le nom d'*Affordable Care Act* ou « *Obamacare* », a tenté de fournir un moyen d'assurer une couverture d'assurance maladie aux Américains incapables de se le permettre. La loi a été contestée immédiatement comme dépassant le pouvoir du Congrès. Alors que de nombreux commentateurs continuaient de penser que la Cour resterait quelque peu déférente, ceux qui attaquaient la Loi savaient qu'ils avaient une Cour plus favorable ? pour leur attaque et plus généralement contre les pouvoirs du Congrès. Ces conservateurs avaient raison parce que la Cour a effectivement jugé la loi inconstitutionnelle en vertu de la clause de commerce, bien qu'elle ait permis à certaines dispositions de la loi de rester en vigueur en vertu du pouvoir d'imposition du Congrès.

Pour comprendre ce que la Cour a jugé, il faut comprendre quelque chose au sujet de la Loi elle-même et quelque chose au sujet des questions dont la Cour est saisie. La Loi a été conçue pour augmenter considérablement le nombre de personnes qui ont une assurance maladie privée et elle a atteint cet objectif en mettant en place, entre autres, des bourses centrales où les gens pouvaient acheter de l'assurance et comparer les prix, en fixant des limites aux montants que les compagnies d'assurance pouvaient dépenser pour les coûts administratifs, en subventionnant l'achat d'assurance pour les personnes qui ne pouvaient pas se le permettre, et l'extension de la couverture Medicaid aux personnes assez proches du seuil de pauvreté. Medicaid est le programme qui sert les Américains les plus pauvres.

Aux États-Unis, il était légal pour les compagnies d'assurance de faire payer beaucoup plus aux personnes atteintes de certaines affections, par exemple le diabète, l'hypertension artérielle ou un cancer antérieur. Un ensemble de dispositions importantes – les dispositions relatives à la couverture garantie et à la tarification communautaire – rendait illégal pour une compagnie d'assurance de continuer cette pratique consistant à refuser d'assurer une personne atteinte d'une maladie préexistante et obligeait les entreprises à ne pas facturer davantage pour la couverture des personnes atteintes de telles conditions. La raison pour laquelle ces dispositions étaient nécessaires est que les soins de santé ne sont pas comme les autres produits. Si l'on n'a pas d'argent pour une voiture, le Gouvernement n'en fournira pas. Mais au moins jusqu'à présent, nous n'allons pas laisser les gens mourir dans la rue par manque d'assurance maladie. Donc, si les gens n'ont pas d'assurance, ils peuvent néanmoins se faire soigner gratuitement dans les salles d'urgence des hôpitaux. Le résultat de l'autorisation de soins d'urgence gratuits est de réduire l'incitation à obtenir une assurance maladie, et donc les soins non compensés finissent par être payés par d'autres Américains par le biais de coûts d'assurance accrus pour couvrir ce traitement gratuit.

Les rédacteurs de la Loi ont donc estimé qu'il était logique de subventionner l'assurance et de la mettre à la disposition des personnes qui n'en avaient pas les moyens. Mais l'expérience des États ayant essayé cette approche était qu'elle ne fonctionnait pas à cause d'un problème que les économistes appellent la sélection adverse. Il n'y a aucune raison pour que les gens obtiennent une assurance maladie jusqu'à ce qu'ils soient malades. Cela signifie que seules les personnes malades obtiennent une assurance, ce qui signifie que les taux sont beaucoup plus élevés que ce que les gens peuvent se permettre. Afin d'éviter ce problème, le Congrès a associé les dispositions de couverture garantie et de notation communautaire à une disposition qui obligeait les gens à souscrire une assurance ou à payer ce que le Congrès appelait une pénalité. Le montant était un pourcentage du revenu, avec un plafond basé sur le coût de l'assurance dans la région.

Cette loi était le principal point de l'ordre du jour national du président Obama, adopté de justesse sans un seul vote républicain. Lorsque la Loi a été contestée, la Cour a été confrontée à trois questions : Le mandat individuel était-il un exercice approprié du pouvoir du Congrès en matière de clause de commerce ? Le juge en chef Roberts et quatre juges conservateurs ont conclu que ce n'était pas le cas. Ils ont voté contre quatre juges libéraux (Ginsburg, Breyer, Sotomayor et Kagan). Mais cela n'a pas rendu la loi invalide, cependant, en raison d'un deuxième problème : S'il ne s'agissait pas d'un exercice constitutionnel du pouvoir de clause commerciale, était-ce constitutionnel en tant qu'exercice du pouvoir du Congrès d'imposer des taxes ? En l'espèce, le juge Roberts, rejoint par les quatre juges libéraux (Ginsburg, Breyer, Sotomayor et Kagan), a soutenu que c'était le cas. Enfin, la Cour s'est penchée sur la question de savoir si l'extension de Medicaid, un programme qui avait fourni des soins de santé aux Américains les plus pauvres, constituait une violation du pouvoir de la clause de dépense du Congrès. Ce programme, qui existe depuis les années 1960, ne couvrait que les personnes extrêmement pauvres et, dans l'*Affordable Care Act*, le Congrès voulait élargir l'accès à la couverture santé en élargissant ce programme pour couvrir les Américains qui étaient pauvres mais pas assez pauvres pour être admissibles au programme tel qu'il existait à l'époque. Les États ont partagé une partie des coûts de ce programme avec le Gouvernement fédéral. Dans le *Affordable Care Act*, le Gouvernement fédéral a exigé que les États élargissent leurs programmes d'État ou perdent tout financement fédéral pour le programme. Ainsi, la question pour la Cour dans l'affaire était de savoir s'il était inconstitutionnel de conditionner tout le financement Medicaid d'un État à sa volonté de couvrir plus de personnes — même si le Gouvernement fédéral paye pour l'élargissement ? Sept juges (Roberts, Breyer, Kagan, Scalia, Thomas, Kennedy et Alito) l'ont jugé inconstitutionnelle.

Mais plus important est que la Cour a jugé le mandat individuel de *l'Affordable Care Act* – ou l'obligation d'acheter une assurance – inconstitutionnel en tant qu'exercice du pouvoir commercial du Congrès. Les cinq juges conservateurs ont fait valoir que permettre au Congrès de fonder cette loi sur le pouvoir du commerce lui permettrait « d'étendre le pouvoir fédéral à pratiquement tout », « sans limites de principe ». Dans ce qui semblait être un retour à la jurisprudence pré-*New Deal* de la Cour, les conservateurs ont soutenu que permettre au Congrès de « tendre la main et d'ordonner même à ceux qui sont les plus éloignés du marché interétatique de participer au marché » transformerait « la clause de commerce [en] une source de pouvoir illimité, un monstre hideux dont les mâchoires dévorantes... n'épargnent ni le sexe ni l'âge, ni haut ni bas, ni sacré ni profane. » L'objectif des conservateurs était d'entraver le Gouvernement fédéral afin qu'il ne puisse pas réglementer pour fournir de meilleurs soins de santé, résoudre les problèmes environnementaux ou remédier à d'autres maux sociaux. L'affaire *Affordable Care Act* a marqué une grande victoire pour eux.

Cela marque un changement dangereux pour les États-Unis. Considérez, encore une fois, l'économie de l'assurance maladie. Les avocats du Gouvernement fédéral ont fait valoir que le marché de l'assurance maladie différait de celui du brocoli ou des automobiles en raison des problèmes d'aléa moral et de sélection adverse. Prenons l'exemple d'une jeune en bonne santé qui n'a pas besoin de soins de santé à l'heure actuelle. Elle tombe alors malade ou se blesse. Avec une émission garantie et une évaluation communautaire, elle peut immédiatement obtenir une assurance pour couvrir les coûts des soins. Les coûts seront presque inévitablement plus élevés que le coût réglementé de l'assurance maladie. Le problème de la sélection adverse est que seuls ceux ou celles qui ont actuellement besoin de soins de santé souscriront une assurance, ce qui fera grimper les coûts ; le problème de l'aléa moral est que la personne qui souscrit une assurance uniquement lorsqu'elle a besoin de soins de santé fait augmenter les coûts de la même manière. La plupart des économistes affirmeraient que les marchés du brocoli et des automobiles n'ont pas ces caractéristiques. Mais maintenant, le Gouvernement fédéral ne peut pas prendre la décision rationnelle de traiter les soins de santé différemment d'autres produits parce que la Cour a limité sa capacité d'agir pour traiter un problème national d'une importance incroyable.

Cette approche de la Cour en matière de législation du Congrès ne se limite pas aux soins de santé. La Cour a également cherché à limiter la capacité du Congrès à lutter contre le changement climatique ainsi qu'à protéger le droit des travailleurs à s'organiser en syndicats. Et lorsque le Congrès a cherché à utiliser ses autres pouvoirs – les pouvoirs de dépenses, d'imposer les impôts ou le 14ème amendement (comme le prochain chapitre en discutera), la Cour a fait preuve d'obstruction de la même manière. Il est clair que lorsque les conservateurs prennent le dessus, la Cour prend des mesures pour restreindre le pouvoir législatif du Congrès avec des décisions très incohérentes qui semblent dépendre de la question de savoir si la Cour juge la politique tolérable. La Cour actuelle, encore plus à droite que celle qui a rendu la décision *Affordable Care Act*, semble sur le point de restreindre encore plus le Congrès.

Le principal argument en faveur d'une compréhension large de la clause de commerce est qu'elle doit être lue à la lumière de l'objectif de la Constitution : habiliter le Congrès à traiter les problèmes entre les États que les États séparément ne sont pas en mesure de traiter efficacement. C'est précisément ce que la nation n'a pas été en mesure de faire en vertu des articles de la Confédération qui ont précédé la Constitution, et dont l'échec a finalement conduit au nouveau document de gouvernement. Le commerce « entre plusieurs États » est, comme l'a dit le premier juge en chef Marshall en 1824, « un commerce qui concerne plus d'États qu'un » – qui a des retombées interétatiques, ou qui génère des problèmes d'action collective qu'aucun État ne peut résoudre seul. La clause de commerce fournit un pouvoir large mais pas infini, mais tant qu'il y a un problème interétatique à résoudre, le Congrès devrait avoir le pouvoir d'agir.

Pour ceux d'entre nous qui critiquent la jurisprudence actuelle de la Cour suprême, il n'est pas clair qu'une limite judiciaire au pouvoir commercial soit nécessaire. La Cour a essentiellement abandonné ces limites de 1937 à 1995, date à laquelle elle a commencé à invalider les lois en faveur du droit des États. Mais le fédéralisme a survécu d'une manière ou d'une autre. La Cour a insisté à plusieurs reprises sur le fait que le Congrès ne pouvait pas supplanter le droit de la responsabilité délictuelle de l'État, le droit des contrats, le droit pénal ou le droit de la famille, mais ces déclarations étaient un obiter dictum (langage judiciaire inutile à la décision de l'affaire) parce que le Congrès n'a jamais essayé de prendre le contrôle de ces domaines. Le Congrès n'a même pas rédigé de code fédéral des sociétés ou de droit commercial, ce qu'il a sans aucun doute encore le pouvoir de faire en vertu de la clause de commerce. Le Congrès a des contraintes politiques qui limitent sa capacité ou son intérêt à exercer des pouvoirs dans ces domaines.

Mais si les tribunaux devaient imposer des limites, ils pourraient raisonnablement exiger que le Congrès fournisse une description (1) plausible du problème de l'action collective et (2) décrive l'échec des États à le résoudre. Ce ne serait pas un test sans force. Les ambiguïtés du texte devraient être résolues à la lumière de son objet. Quelle que soit l'interprétation que l'on donne du pouvoir commercial, il ne faut pas le lire de telle sorte que le commerce soit incontrôlable par les gouvernements des États ou fédéraux, ce qui rend le peuple américain aussi impuissant qu'il l'était en vertu des articles de la Confédération.

Beaucoup d'entre nous croient que la Constitution impose des obligations au Gouvernement et ne se contente pas de lui imposer des limites. Ces obligations sont déclinées de deux façons. L'une est un argument constitutionnel simple tiré du texte et de l'Histoire, mais l'autre est structurel. Afin de maintenir notre forme républicaine de gouvernement et sa protection explicite pour une citoyenneté égale, les États-Unis doivent avoir une classe moyenne inclusive et égalitaire, et qui est incompatible avec l'oligarchie. Et donc le Congrès doit être en mesure d'agir pour s'attaquer aux inégalités massives et problèmes sociaux comme le manque d'assurance de santé ou d'habitation dans l'Amérique contemporaine. Sans de telles interventions, nos efforts pour rester la plus ancienne démocratie du monde pourraient bien échouer alors que nous nous transformons de plus en plus en une ploutocratie, une oligarchie et un système monopolistique où le droit de vote n'est qu'une théorie et non un réel pouvoir pour le peuple.

Chapitre 3 : La Cour suprême : le vote et l'avortement dans la ligne de mire

Le rôle de la Cour suprême dans les lois qui affectent la démocratie et la liberté individuelle est tout aussi important que celui qu'elle a joué en ce qui concerne la législation dans le domaine social, l'économie et les soins de santé. Utilisant son pouvoir de contrôle judiciaire pour limiter la législation étatique et fédérale, la Cour a récemment joué un rôle déterminant dans le système démocratique, statuant sur des affaires portant sur le droit de vote, le « *gerrymandering* » et l'administration électorale, au détriment de ceux qui croient que dans une démocratie, le vote devrait être facilement accessible et que les districts ne devraient pas être façonnés avec des intentions partisanes ou idéologiques. De même, la Cour a pesé dans le droit des femmes de décider d'avoir ou non des enfants, se rangeant plus récemment du côté des conservateurs religieux extrêmes pour permettre à l'État d'interdire l'avortement et potentiellement de limiter l'accès à la contraception. J'ai choisi ces questions parce qu'elles sont les exemples les plus pertinents de la façon dont la Cour s'est impliquée dans le contrôle de la vie politique et sociale des Américains.

Les questions du droit de vote et de l'avortement sont toujours controversées, bien sûr. Mais à l'époque de la Cour Roberts, la Cour elle-même a choisi entre les deux camps hostiles qui se disputaient la direction du pays. Le plus petit camp est composé de Blancs, principalement des conservateurs religieux qui cherchent à limiter les droits des minorités de genre et des femmes et qui craignent que permettre aux personnes brunes et noires de voter signifie que le statut privilégié des Américains blancs pourrait prendre fin. Malheureusement, la Cour suprême est du côté du camp blanc.

1. La Cour suprême et la démocratie

Dans cette section, je discuterai principalement des questions concernant l'accès au vote pour les minorités en Amérique. Je le fais parce que, malheureusement, l'histoire américaine montre que la discrimination raciale a été le principal moyen pour revenir sur les droits démocratiques acquis, bien que, bien sûr, les intérêts partisans aient également joué un rôle.

Après la guerre de Sécession, l'un des problèmes les plus importants auxquels sont confrontés les Noirs en Amérique était de pouvoir exercer les droits civils qui étaient censés leur être accordés par les nouveaux amendements à la Constitution, les 13ème, 14ème et 15ème amendements. La suppression des électeurs sous des prétextes fallacieux a survécu en Amérique bien après la fin de la guerre civile, alors que les esclaves ont été libérés et le 15ème amendement a garanti aux hommes noirs le droit de vote. L'élite blanche contrôlant les gouvernements des États du Sud a essentiellement défié la Constitution, s'assurant que le 15ème amendement n'étendrait que limitativement le droit des Noirs de voter. À la fin du 19ème siècle et au début du 20ème siècle, les États du Sud ont promulgué des lois « *Jim Crow* » qui ont introduit des restrictions de vote par le biais de tests d'alphabétisation, des exigences de propriété, des clauses de grand-père (autorisant uniquement les citoyens dont les grands-pères avaient voté à voter — excluant les Noirs bien sûr parce que leurs grands-pères étaient esclaves), des primaires réservées aux Blancs et des taxes de vote. En conséquence, presque tous les électeurs noirs ont été privés de leurs droits. La Cour suprême a commencé à invalider certaines de ces mesures au début du 20ème siècle ; en 1915, la Cour a invalidé les clauses de droits acquis comme étant inconstitutionnelles dans *Guinn c. États-Unis* et en 1944, la Cour a invalidé les primaires réservées aux Blancs comme inconstitutionnelles dans *Smith c. Allwright*. S'appuyant sur cet élan, le Congrès a adopté la première loi sur les droits civils depuis la Reconstruction, la Loi sur les droits civils de 1957, qui autorisait le procureur général à intenter une action en injonction au nom des personnes dont les droits du 15ème amendement avaient été refusés. Parmi les autres changements, mentionnons la création de la Division des droits civils au sein du ministère de la Justice, la Commission des droits civils et la loi ultérieure sur les droits civils de 1960, qui a permis aux tribunaux fédéraux de nommer des arbitres pour procéder à l'inscription des électeurs dans les juridictions qui se livraient à la discrimination électorale.

Ces changements n'ont entraîné qu'une augmentation marginale de l'inscription des électeurs noirs dans le Sud, car les Sudistes noirs étaient toujours victimes de discrimination dans le vote, ainsi que de l'accès aux logements publics et aux services gouvernementaux, ce qui a conduit à la loi sur les droits civils de 1964. Toutefois, la loi n'interdit pas la plupart des formes de discrimination électorale. Il a fallu des pressions de la part d'organisations de défense des droits civils et de dirigeants des organisations de droits civiques pour inciter le président Lyndon B. Johnson à s'adresser à une session conjointe du Congrès le 15 mars 1965 appelant les législateurs à promulguer une législation expansive sur le droit de vote. Le *Voting Rights Act* de 1965 a été présenté au Congrès le 17 mars 1965.

En 1965, le Congrès a adopté le *Voting Rights Act* (VRA) pour fournir un filet de sécurité fédéral et des pouvoirs d'application conçus pour donner plus de poids au 15ème amendement. La VRA faisait partie d'une série de lois fédérales qui cherchaient à démanteler les lois et pratiques racistes qui interdisaient aux Afro-Américains d'avoir un emploi, un logement, d'accéder aux restaurants et aux hôtels et, surtout, limitaient leur capacité à participer aux élections. Le président Lyndon Johnson a déclaré que la VRA était destinée à corriger « un tort clair et simple. Des millions d'Américains se voient refuser le droit de vote en raison de leur couleur. Cette loi leur garantira le droit de vote. » La loi interdisait toute utilisation de tests d'alphabétisation ou d'autres dispositifs imaginés par les architectes Jim Crow et donnait au ministère de la Justice le pouvoir d'empêcher les juridictions couvertes – les États et les localités ayant des antécédents de refus du droit de vote aux minorités – d'apporter des modifications à leurs règles régissant les élections. Cette disposition, appelée section 5, signifiait que sept États devraient soumettre chaque changement électoral à l'avance pour analyse par une équipe d'avocats des droits civils au ministère de la Justice avant que les changements puissent être adoptés. Le déplacement des bureaux de vote, la modification des heures et des jours de vote et le redécoupage des circonscriptions électorales nécessiteraient tous la bénédiction des avocats du ministère de la Justice avant d'être mis en œuvre. Dans les modifications ultérieures de la VRA, le Congrès a ajouté des dispositions pour aider les groupes ayant une maîtrise limitée de l'anglais à voter dans leur langue maternelle, a permis aux enfants de dix-huit ans de voter et a interdit les tests d'alphabétisation non seulement dans le Sud, mais dans tout le pays.

Le *Voting Rights Act* a porté ses fruits immédiatement, car les Afro-Américains ont pu s'inscrire et voter en nombre nettement plus élevé. Dans le Mississippi, par exemple, l'inscription des électeurs parmi les Afro-Américains est passée de 7% à 54% dans les trois ans suivant la promulgation de la VRA. Et dans l'ensemble du Sud, dans les décennies qui ont suivi, les Noirs sont passés d'un taux d'inscription de 31% à 71%, alors que les gens

commençaient à voir leurs votes compter. Le nombre d'élus noirs est passé d'à peine cinq cents en 1965 à plus de dix mille au cours des décennies suivantes, avec plus de quarante Afro-Américains siégeant au Congrès en 2017.
Les défenseurs du droit de vote ont insisté pour que davantage de mécanismes facilitent le processus de vote, faisant valoir que le vote est un droit, et non un privilège, et que des obstacles importants au droit de vote existaient toujours. Au fil du temps, ils ont réussi à faire adopter par le Congrès la Loi nationale sur l'inscription des électeurs en 1993 – également connue sous le nom de « *Motor Voter Act* » parce que les électeurs pouvaient s'inscrire tout en obtenant ou en renouvelant un permis de conduire – ainsi qu'à ajouter le vote anticipé et l'inscription des électeurs le jour même dans de nombreux États. Au cours des cinq années qui ont suivi l'adoption de *Motor Voter*, l'inscription des Afro-Américains a augmenté de 10%. Avec chaque avancée, de plus en plus d'Afro-Américains ont pu participer, culminant avec l'élection du président Barack Obama en 2008, lorsque presque autant d'électeurs noirs que blancs se sont rendus aux urnes.
Alors que les républicains étaient à l'origine le « parti de Lincoln », dans les années 1960, les démocrates étaient devenus le parti travaillant à étendre le droit de vote, au moins au niveau national. Même si les démocrates blancs du Sud avaient initié et perpétué Jim Crow, le président Johnson, un démocrate, considérait la VRA comme l'élément le plus important du programme législatif des droits civiques qui était maintenant une plate-forme majeure du parti démocrate. Il a également reconnu que la nouvelle loi accélérerait l'hémorragie des Blancs du Sud du parti. Aujourd'hui, le racisme est toujours une force puissante, mais le Parti républicain a maintenant aussi une raison pragmatique de supprimer les votes noirs : les Afro-Américains votent massivement démocrate.

L'adoption de la VRA a forcé les dirigeants conservateurs à changer de tactique. Les arguments ouvertement racistes en faveur de lois de suppression des électeurs ont pour la plupart disparu à mesure que les conservateurs apprenaient de nouveaux tropes pour dissimuler l'intention derrière leurs propositions politiques.

Ces dispositions anti-vote suivaient deux approches principales. La première était de détourner le débat autour de l'augmentation de l'accès aux urnes vers la lutte contre la fraude électorale – un épouvantail fabriqué de toutes pièces sans aucune preuve réelle. Élever un problème inexistant offrait un outil rhétorique apparemment neutre sur le plan racial pour saper le droit de vote. La deuxième approche consistait à attaquer les protections fondamentales des droits de vote de la VRA comme obsolètes et qui ne sont plus nécessaires. Les personnes nommées par le président George W. Bush à la Cour suprême, y compris le juge en chef John Roberts – un opposant de longue date à la loi sur le droit de vote – ont sapé l'objectif principal de la VRA dans *Shelby County c. Holder*, en rendant l'article 5 inapplicable, qualifiant l'idée d'exiger des États qu'ils obtiennent l'approbation pour modifier leurs lois électorales de relique d'une époque révolue et qui n'est plus pertinente à une époque où la discrimination avait été vaincue. L'affaiblissement des protections fédérales a entraîné encore plus de lois d'État limitant l'accès aux urnes, ainsi que des districts électoraux conçus pour favoriser fortement les républicains. Immédiatement après la décision du comté de Shelby, en fait en quelques heures, les États qui avaient été empêchés d'adopter des lois visant à limiter le droit de vote des minorités ont retiré la législation de l'étagère et les ont précipitées aux votes.

En 2010, le comté de Shelby, en Alabama, a demandé un jugement déclaratoire selon lequel l'exigence de précontrôle de la VRA était inconstitutionnelle.

S'exprimant au nom de la majorité de la Cour, le juge en chef Roberts a abondé dans le même sens. Premièrement, la Cour a noté que la VRA impose des charges actuelles et « doit être justifiée par les besoins actuels » et que son traitement disparate des États doit être « suffisamment lié au problème qu'elle cible ». Ensuite, la Cour a déclaré que des « progrès importants » avaient été réalisés dans l'élimination des obstacles de première génération rencontrés par les électeurs minoritaires, y compris l'augmentation de l'inscription des électeurs noirs et l'augmentation de la participation des Noirs à la politique. Non pas déclaré mais implicite était que l'ascension d'Obama à la présidence était également la preuve que les protections constitutionnelles pour les groupes minoritaires précédemment privés de leurs droits (principalement les Noirs) n'étaient plus nécessaires. Par conséquent, la formule de couverture était désuète et le succès passé des exigences de précontrôle n'était pas une justification adéquate pour maintenir l'exigence de précontrôle. L'opinion de Roberts reposait sur un thème central : les temps ont changé et les restrictions mises en place pour le vote des Noirs n'étaient plus nécessaires.
Servant au ministère de la Justice sous la direction du procureur général Ed Meese, John Roberts a conclu que la loi sur le droit de vote – en fait tous les recours ciblés sur le plan racial – était un affront à sa vision de la Constitution. Il était venu à Washington pour travailler comme auxiliaire juridique auprès du juge William Rehnquist, qui partageait l'aversion de Roberts pour la législation tenant compte de la race. Conformément à ce point de vue, Rehnquist s'est joint à une opinion, *City of Mobile c. Bolden* (1980), qui a rendu l'application de la Loi sur le droit de vote beaucoup plus difficile en exigeant une preuve d'intention de priver les Afro-Américains de leurs droits plutôt que de simplement démontrer que la loi avait pour effet de le faire.

Rehnquist et Roberts avaient le soutien intellectuel de professeurs de droit conservateurs, y compris le futur juge Antonin Scalia, qui avait commencé à attaquer toute politique ou législation qui cherchait à s'attaquer aux vestiges de l'esclavage ou du racisme. Même avec l'histoire américaine de discrimination et de suppression des électeurs, de l'avis de Scalia, un recours fondé sur la race tel que la VRA était « basé sur les concepts d'endettement racial et de droit racial plutôt que sur la valeur individuelle et les besoins individuels ; c'est-à-dire... C'est raciste. »
Dans le comté de Shelby, Roberts a écrit au nom de la majorité, estimant que l'article 5 de la VRA avait été un « écart radical par rapport aux principes de base du fédéralisme » et n'était de toute façon plus nécessaire. « L'histoire ne s'est pas terminée en 1965 », a-t-il écrit. « En grande partie à cause de la loi sur le droit de vote, les tests de vote ont été abolis, les disparités dans l'inscription des électeurs et la participation en raison de la race ont été effacées, et les Afro-Américains ont accédé à des fonctions politiques en nombre record. » La juge Ruth Bader Ginsburg, dans une dissidence enflammée, a réprimandé Roberts pour « l'orgueil » de son opinion, notant qu'en fait, le ministère de la Justice avait recensé des modifications aux règles régissant les élections au niveau des États plus problématiques entre 1982 et 2004 qu'il ne l'avait fait entre 1965 et la modification de 1982, y compris des cas de députés républicains dans les assemblés des États qualifiant les Afro-Américains d'« aborigènes ». Ginsburg a contesté la fiction selon laquelle les électeurs noirs ne sont plus victimes de discrimination parce qu'un plus grand nombre d'entre eux votent et se font élire. Elle a écrit dans sa dissidence que « jeter le précontrôle quand il a fonctionné et continue de travailler pour arrêter les changements discriminatoires, c'est comme jeter son parapluie dans une tempête de pluie parce que vous ne vous mouillez pas ». La

décision du comté de Shelby a provoqué un flot de nouvelles lois de suppression des électeurs de l'État, maintenant approuvées par une Cour suprême qui estime la société purgée du racisme.

Mais la VRA n'est pas la seule loi sur le droit de vote que la Cour suprême a sapée. Dans *Husted c. Randolph Institute*, la Cour suprême a confirmé la pratique controversée de purge des électeurs de l'Ohio en limitant la portée de la *National Voter Registration Act* de 1993 (NVRA) et de la *Help America Vote Act* de 2002 (HAVA). La loi en cause permettait à l'Ohio de potentiellement priver de leur droit les électeurs qui ont manqué une seule élection fédérale s'ils n'envoyaient pas de réponse et ne votaient pas pour deux élections fédérales. *Husted* est un autre exemple de la Cour légitimant davantage les tactiques potentielles de suppression des électeurs en permettant le retrait des électeurs inscrits sur des listes électorales — la plupart minoritaires. Depuis *Husted*, la Cour a continué dans cette voie, limitant les droits de vote, remettant ainsi en cause les dispositions les plus importantes sur le droit de vote dans le Code américain.

2. GERRYMANDERING

La Cour est allée au-delà de la simple limitation des protections du droit de vote. Elle a également permis un *gerrymandering* racial agressif des districts qui a permis principalement aux républicains de créer des districts dans lesquels leur parti gagnera toujours. C'est une façon pour les partis au pouvoir de se maintenir au pouvoir en faisant pencher la carte politique en leur faveur. L'objectif est de tracer les limites des circonscriptions législatives afin que le plus grand nombre possible de sièges soient remportés par les candidats du parti.

Les rédacteurs l'accomplissent principalement grâce à deux pratiques communément appelées « *packing* » and « *cracking* » — emballage et fissuration. Une circonscription « *packed* » est dessinée pour inclure autant d'électeurs du parti adverse que possible. Cela aide le parti au pouvoir à gagner les districts environnants où la force de l'opposition a été diluée pour créer le district bondé. « *Cracking* » fait le contraire : il divise des groupes d'électeurs de l'opposition entre plusieurs districts, de sorte qu'ils seront en infériorité numérique dans chaque district.
Une carte efficacement découpage a un nombre maximum de districts qui contiennent chacun juste assez de partisans du parti au pouvoir pour permettre aux candidats du parti de gagner et de conserver le siège en toute sécurité, même pendant les élections « vagues » lorsque l'opposition s'en sort particulièrement bien. Et il regroupe les partisans de l'opposition dans un nombre minimum de districts que l'opposition gagnera massivement.
Afin de comprendre comment la Cour a permis cette pratique, nous devons revoir les dispositions constitutionnelles qui régissent la création des districts.
Dans la clause de répartition de l'article premier de la Constitution, les rédacteurs ont détaillé comment les sièges à la Chambre des représentants seraient attribués à mesure que la nation grandirait. La Cour suprême a compris que les districts électoraux pour les bureaux du Congrès, des États et des collectivités locales sont dessinés de manière à inclure un nombre égal de personnes, ou aussi près que possible (pour les districts du Congrès), ou « substantiellement » égaux (pour les districts d'État et locaux). Cela signifie que les districts doivent être proches en taille de population des autres dans chaque État. La Constitution fixe également un calendrier pour ce processus en exigeant un dénombrement de la population tous les dix

ans – le recensement – qui fournit ensuite les chiffres pour la répartition des districts du Congrès entre les États.
Les partisans ont été en mesure de manipuler ces circonscriptions après chaque recensement pour protéger leur parti – essentiellement pour choisir les électeurs qu'ils veulent dans leur circonscription. Appelée « *gerrymandering* », cette pratique semble aller à l'encontre des intentions des rédacteurs. James Madison a déclaré que la Chambre était censée être un « organe nombreux et changeant », où les députés auraient « un souvenir habituel de leur dépendance à l'égard du peuple ». Madison s'attendait à « chaque nouvelle élection dans les États [...] pour changer la moitié des représentants. » Au cours des débats sur la ratification de la Constitution, Alexander Hamilton a expliqué que « le vrai principe d'une république est que le peuple doit choisir qui il veut pour le gouverner. » À cette époque, bien sûr, l'argument de Hamilton souffrait du fait que tant d'Américains ne pouvaient pas choisir qui les gouvernait – seuls les propriétaires blancs et masculins pouvaient participer. Néanmoins, ce que Madison et Hamilton voulaient dire, c'est qu'ils s'attendaient et souhaitaient que les gens élisent régulièrement de nouveaux députés à la Chambre. Mais même maintenant, après avoir élargi notre électorat pour inclure plus de personnes – les Afro-Américains et les femmes ainsi que les Amérindiens et les jeunes – les forces de droite ont développé de nouvelles façons de limiter le pouvoir de vote en permettant aux politiciens de tracer les limites de district pour leurs circonscriptions. Les cartes qu'ils dessinent garantissent que les politiciens peuvent choisir leurs électeurs, plutôt que l'inverse — et ils ne perdent presque jamais leurs élections. Bien que plus d'électeurs aient soutenu Hillary Clinton et les candidats démocrates au Sénat et à la Chambre des représentants des États-Unis que leurs adversaires lors de l'élection de 2016, le redécoupage

agressif des circonscriptions républicaines du Congrès – le *gerrymandering* – a privé cette majorité de sa capacité à élire le président ou à contrôler le Congrès.

3. La longue histoire de *Gerrymandering*

Le *Gerrymander* n'est pas nouveau – le nom lui-même vient du plan de redécoupage signé en 1812 par le gouverneur du Massachusetts et futur vice-président Eldridge Gerry qui a profité à son parti et ressemblait à une salamandre. Gerry était un gouverneur, un père fondateur, signataire de la Déclaration d'indépendance, rédacteur réticent de la Constitution, membre du Congrès, diplomate et cinquième vice-président – de sorte que les premiers districts aux États-Unis ont été manipulés par des intérêts puissants.

Au fur et à mesure que la nation grandissait, elle devenait plus complexe – et les districts encore plus faciles à manipuler. Et bien sûr, au fur et à mesure que la population du pays augmentait, elle ne grandissait pas de manière égale ; certaines villes et certains comtés sont devenus beaucoup plus grands que d'autres. Certaines administrations ont suivi le rythme de l'évolution de la population et ont augmenté le nombre de représentants affectés à chaque district ou ont redessiné des lignes de district ; d'autres ne l'ont pas fait. De 1901 à 1961, par exemple, la législature du Tennessee a tout simplement ignoré l'exigence constitutionnelle de l'État de redessiner les lignes de district afin d'empêcher les Noirs d'accéder au pouvoir politique. Alors que les tests d'alphabétisation et les taxes de vote empêchaient les Afro-Américains de s'inscrire pour voter, la mauvaise répartition a contribué à préserver le pouvoir des ségrégationnistes dans des endroits comme le comté de Lowndes, en Alabama, un endroit rural. Les 15 417 habitants du comté avaient autant de représentants au Sénat de l'Alabama que les 600 000 habitants du comté de Jefferson à Birmingham, une ville plutôt noire.

La Cour suprême a mis fin à cette perversion de la démocratie dans une série d'affaires historiques dans les années 1960, notamment *Baker c. Carr* et *Reynolds c. Sims*, statuant que les circonscriptions législatives devaient être à peu près égales en population. Selon le juge William Douglas : « La conception de l'égalité politique, de la Déclaration d'indépendance au discours de Lincoln à Gettysburg, en passant par les 15e, 17e et 19e amendements, ne peut signifier qu'une seule chose : une personne, une voix. » Le juge en chef Earl Warren a ajouté : « Les législateurs représentent les gens, pas les arbres ou les acres. »

La Cour exigeait une population à peu près égale pour chaque circonscription législative. Cela signifiait que les limites des districts devraient être réajustées périodiquement pour tenir compte des nouvelles informations sur la population. Donc, maintenant, après que le recensement a été effectué au début d'une nouvelle décennie, les limites des districts doivent être redessinées. En outre, la VRA interdit d'utiliser le redécoupage pour limiter le pouvoir politique des minorités raciales en diluant leur vote (*cracking*) ou en les plaçant tous dans un district pour limiter l'impact sur les autres districts (*packing*). Ainsi, jusqu'à la Cour actuelle, les règles adoptées par la Cour exigeaient que les districts soient généralement de taille égale et que les cartes ne puissent pas être utilisées pour discriminer les électeurs minoritaires.

De nos jours, la plupart des plans sont élaborés et adoptés par les législateurs des États, ce qui signifie qu'ils peuvent choisir leurs électeurs et à quoi ils veulent que leur district ressemble pour les 10 prochaines années. Dans le passé, c'était une simple protection des titulaires, maintenant le *gerrymandering* est utilisé pour assurer le contrôle partisan. Les partis ont appris qu'ils peuvent gagner beaucoup de votes en modifiant la composition des électeurs au sein des circonscriptions plutôt que d'essayer de plaire à la majorité de l'électorat. Avec l'avènement d'algorithmes complexes et de modèles informatisés pour dessiner des cartes des districts du Congrès, les partisans, en particulier ceux de droite, ont utilisé des méthodes de plus en plus sournoises pour gagner plus de sièges même sans plus de votes. Ces dernières années, des agents de droite ont été en mesure de manipuler les découpages pour refuser au Parti démocrate opposé et aux électeurs minoritaires le droit à un vote « effectif » en dessinant des circonscriptions qui ont renforcé l'avantage électoral du GOP. Avec le recensement et le redécoupage ultérieur qui n'ont lieu que tous les dix ans, de nombreux acteurs politiques de gauche y prêtent peu d'attention parce qu'il y a toujours quelque chose d'autre qui est plus urgent.

La Cour suprême, autrefois partisane du principe « une personne, une voix », a maintenant béni le *gerrymandering*. Dans un coup dur pour les défenseurs du droit de vote, la Cour suprême a décidé que les allégations de *gerrymandering* partisan ne relèvent pas de sa compétence. Statuant sur deux affaires dans lesquelles les plaignants ont allégué que les districts du Congrès avaient été dessinés avec des effets de distorsion si exagérés qu'ils violaient la Constitution – l'un impliquant des républicains en Caroline du Nord, l'autre des démocrates dans le Maryland – les cinq juges conservateurs ont levé la main et ont déclaré que si le *gerrymandering* partisan est un problème, ce n'est pas leur problème.

« Une partisanerie excessive dans les circonscriptions mène à des résultats qui semblent raisonnablement injustes », a écrit le juge en chef John Roberts. Mais le fait qu'un tel *gerrymandering* soit « incompatible avec les principes démocratiques » ne signifie pas que la solution réside dans le système judiciaire fédéral. Nous concluons que les revendications partisanes de *gerrymandering* soulèvent des questions politiques hors de portée des tribunaux fédéraux. Ces décisions ont marqué la fin d'une bataille judiciaire qui a duré des années – et peut-être la fin de la route pour les défenseurs du droit de vote pour persuader un tribunal récalcitrant de se prononcer.

La Cour suprême a également commencé à déconstruire les limites du *gerrymandering* racial, interdites au moins ostensiblement par le *Voting Rights Act*. La Chambre des représentants des États-Unis n'élit qu'un seul membre de chaque district. Un tel système peut potentiellement rendre assez difficile pour les groupes minoritaires d'obtenir une représentation. Par exemple, si les Afro-Américains sont répartis dans un État, ils pourraient ne pas être suffisamment nombreux dans un district pour élire des représentants. Dans le passé, de nombreux États ont délibérément obtenu ce résultat, dessinant leurs cartes pour s'assurer que les Blancs gagneraient chaque district. C'est un processus connu sous le nom de *gerrymandering* racial. Le gouvernement fédéral a abordé cette question dans la Loi sur le droit de vote de 1965, qui a rendu illégal le tirage au sort de circonscriptions qui diluent intentionnellement le pouvoir de vote d'une minorité protégée. Lorsque les tribunaux ont évalué si certaines cartes le font, ils ont tendance à juger les districts en fonction de leur « compacité ». En d'autres termes, les juges évaluent la logique géographique des circonscriptions, afin de s'assurer qu'elles ne sont pas anormalement conçues pour priver de leurs droits les électeurs minoritaires. Les cas de loi sur le droit de vote exigeaient que les électeurs minoritaires puissent élire des représentants de leur choix dans les États ayant des antécédents de vote en bloc racial – les districts devaient donc en tenir compte. Dans ce domaine également, la Cour réduit sévèrement les protections du vote, permettant aux électeurs noirs d'être « *cracked* » ou « *packed* » afin qu'ils ne puissent jamais élire un représentant de leur choix.

Malheureusement, il existe une myriade d'exemples d'attaques actuelles de la Cour suprême contre les principes démocratiques. Ce ne sont pas seulement les droits de vote et les circonscriptions équitables, mais aussi les efforts visant à limiter l'effet corrosif de l'argent sur l'influence des résultats politiques qui ont été sapés par notre Cour. Dans le contexte actuel, les défenseurs qui ont cherché à étendre et à protéger le droit de vote, à sécuriser les districts qui ne sont pas « *gerrymandered* » et à limiter les dons de campagne corrompus trouvent que la Cour constitue un obstacle majeur à la protection de la démocratie.

4. La Cour suprême et le droit à l'avortement

Dans les affaires touchant à la liberté reproductive des femmes, la Cour actuelle, comme dans le domaine du vote, pousse la loi dans une direction très à droite. L'affaire fondamentale concernant l'avortement, jugée en 1973, est *Roe c. Wade*. Dans cette affaire, la Cour a conclu que le droit des femmes de décider d'avoir un enfant ou non était protégé par la Constitution. Au cours du premier trimestre de la grossesse, la Cour a statué que la décision d'avorter « doit être laissée au jugement médical du médecin traitant de la femme enceinte ». Après le premier trimestre, la Cour a accordé aux États un droit qualifié de réglementer l'avortement. Près de deux décennies plus tard, dans l'affaire *Planned Parenthood c. Casey*, la Cour a réaffirmé *Roe*, mais a modifié la norme pour déterminer quand les États pouvaient imposer des restrictions à une norme fondée sur la viabilité fœtale et si les restrictions imposaient une contrainte excessive aux femmes. Après *Casey*, la Cour a

invalidé une série de dispositions du droit de l'État considérées comme contraires à *Roe* et *Casey*.
Et maintenant, après près de 50 ans de précédent affirmant le droit constitutionnel à l'avortement, la Cour a dit aux femmes d'Amérique qu'elles ne pouvaient plus prendre de décisions concernant leur propre corps. La Cour a maintenant jugé qu'une interdiction de l'avortement pré-viabilité du Mississippi, qui viole directement *Roe c. Wade*, est constitutionnelle. Dans l'affaire *Dobbs c. Jackson Women's Health Organization*, la Cour a non seulement confirmé l'interdiction de l'avortement après 15 semaines dans le Mississippi, mais a également annulé *Roe* et a statué qu'il n'y a pas de droit à l'avortement dans la Constitution.
La conséquence de l'annulation de *Roe* est que dans plus de 20 États, l'avortement sera immédiatement interdit parce que ces États n'ont jamais retiré les interdictions de l'avortement de leurs livres de lois ou ont promulgué des lois pour interdire l'avortement si *Roe* devait être annulée. Pour de nombreuses femmes en Amérique, cela signifie que l'avortement ne sera pas disponible sans parcourir de longues distances et dépenser de grosses sommes d'argent.
Dobbs est l'aboutissement du travail de nombreux membres de droite en Amérique, qui se sont concentrés non seulement sur les arguments juridiques de fond et les batailles législatives pour interdire l'avortement, mais se sont également battus pour s'assurer que le système judiciaire est infiltré de fanatiques anti-avortement. Le juge en chef de la Cour suprême, John Roberts, est l'un de ces juges qui veulent depuis longtemps éliminer le droit à l'avortement en vertu de la Constitution.
Bien qu'il ait promis de respecter les précédents, y compris *Roe*, lors de ses audiences de confirmation en 2005, Roberts avait été un soldat dans les guerres contre les droits reproductifs sous les administrations Ronald Reagan et George H.W. Bush. Roberts est une catholique de longue

date dont l'épouse, Jane, a fourni des conseils juridiques pro bono à l'organisation non-gouvernementale anti-avortement « *Feminists for Life* ». Roberts a dit aux sénateurs en 2005 que sa foi ne serait pas un facteur dans ses décisions. D'autres juges de la Cour également des catholiques conservateurs n'ont pas caché leur prédilection à statuer en faveur des valeurs religieuses plutôt que de la loi. Alito, Thomas et Kavanaugh sont tous catholiques conservateurs et Gorsuch est un épiscopalien conservateur. Et ils ont été rejoints à la Cour récemment par une autre juge extrêmement anti-avortement, Amy Coney Barrett qui a remplacé la plus libérale Ruth Bader Ginsburg. Avant de devenir juge, Barrett, professeur de droit à Notre-Dame, était un critique virulent de *Roe c. Wade*, qui avait signé une déclaration qui dénonçait « l'héritage barbare » de *Roe* et appelait à ce que « l'enfant à naître soit protégé par la loi ». Deux ans après sa confirmation, Roberts était à la tête d'une majorité à la Cour pour décider que le gouvernement fédéral pouvait interdire une procédure d'avortement dans laquelle le col de l'utérus de la femme est dilaté et le fœtus est retiré intact. Les critiques l'ont appelé « avortement partiel à la naissance ». La décision de la Cour suprême de 2007 a essentiellement annulé une décision de seulement sept ans plus tôt qui avait invalidé une interdiction similaire de la procédure en vertu de la loi du Nebraska. Qu'est-ce qui a changé entre 2000 et 2007 ? Roberts et Alito avaient rejoint la Cour, remplaçant deux juges moins anti-avortement. De telles décisions, fondées uniquement sur un changement de personnel, mettent à nu la nature politique de la Cour suprême.

La prochaine affaire majeure d'avortement de la Cour suprême est survenue près d'une décennie plus tard, en 2016, et Roberts a exprimé sa dissidence alors que la majorité a invalidé les exigences du Texas selon lesquelles les médecins qui pratiquent des avortements obtiennent des

« privilèges d'admission » dans un hôpital local et les cliniques se convertissent en établissements coûteux de qualité hospitalière.
Mais dans un différend de 2020 sur des exigences similaires en matière d'accréditation des médecins en Louisiane, Roberts a voté contre la loi sur la base de ce précédent de 2016. Roberts a déclaré qu'il n'était toujours pas d'accord avec la décision de 2016, mais qu'il la suivrait comme un précédent. Sa justification et son vote décisif clé dans l'affaire *June Medical Services c. Russo* renforcerait cependant la capacité des États à défendre les réglementations en matière d'avortement.
Et maintenant, nous arrivons à *Dobbs*. Roberts et sa cohorte ont finalement gagné et Roe n'est plus la loi. Mais ils ne s'arrêteront pas là. La raison pour laquelle la Constitution ne protège pas l'autonomie corporelle d'une femme aura des conséquences de grande portée. Les décisions protégeant le droit à la contraception et le mariage homosexuel reposaient sur les mêmes arguments constitutionnels que le droit à l'avortement – même les décisions embrassant le droit d'épouser quelqu'un d'une race différente et d'autres décisions fondamentales concernant l'autonomie et la liberté peuvent être menacées.
Récemment, la popularité de la Cour suprême auprès du public est tombée à un niveau record. Les sondages montrent que les Américains manquent de plus en plus de respect pour la Cour et croient qu'elle est politique plutôt qu'indépendante. Les majorités soutiennent l'accès à l'avortement et estiment que les droits démocratiques doivent être protégés. Qu'est-ce que cela signifie pour une société démocratique lorsque la plus haute cour semble si en décalage avec le peuple ? Certes, les tribunaux ne sont pas censés statuer en fonction de ce qui est populaire, mais de ce qui est la loi. Mais lorsqu'ils gouvernent d'une manière très politique et idéologique – et dans certains cas,

cela semble plutôt influencé par leur religion que la loi – cela soulève la question de savoir si le contrôle judiciaire est légitime en démocratie.

Chapitre 4 : La Cour et le président

La séparation des pouvoirs entre le Congrès, le président et le pouvoir judiciaire est un élément central du système de gouvernement américain, conçu en partie pour permettre à chaque branche de prévenir les abus de pouvoir des autres. Lorsqu'un abus de pouvoir de la part du président est suffisamment grave, la Constitution autorise le pouvoir législatif à le destituer. Les auteurs de la Constitution – qui venaient de faire une révolution contre un roi tyrannique – craignaient beaucoup le risque d'abus de la part d'un président ; ils ont donc prévu la façon dont le Congrès pouvait destituer un président et ce, avant même de définir les pouvoirs présidentiels. Outre la destitution, le Congrès joue un rôle important dans la prévention des abus de pouvoir notamment par la surveillance du pouvoir exécutif en tenant des audiences, en adoptant des lois ou encore en établissant des budgets.

Comme nous l'avons vu dans les chapitres précédents, la Cour suprême a parfois fait preuve d'une grande déférence à l'égard de l'affirmation, par le Congrès, de son pouvoir de légiférer et a, parfois, invalidé de manière agressive des lois jugées comme dépassant de manière inconstitutionnelle les pouvoirs énumérés dans la Constitution. Ce chapitre traitera de l'approche de la Cour au sujet du pouvoir exécutif. Dans de nombreux cas, le différend devant la Cour implique un désaccord entre le Congrès et le président concernant l'étendue de leurs pouvoirs – le plus souvent, lorsque le Congrès tente d'imposer des limites à l'exécutif et rencontre une résistance. De tels cas impliquent souvent des efforts pour limiter les pouvoirs de guerre du président ou pour exiger des documents ou des témoignages afin de permettre au Congrès de remplir ses fonctions de surveillance. La Cour a parfois joué un rôle un peu plus actif dans la résolution de ces différends horizontaux – c'est-à-dire entre les branches fédérales du gouvernement – le plus souvent en faveur du président. En particulier, à la fin du 20ème et au début du 21ème siècle, la Cour a fourni des exemples dramatiques d'interventions judiciaires. Ainsi, en une seule journée, elle a annulé plus de deux cents lois contenant un soi-disant veto législatif – soit un record du nombre de lois invalidées dans toute l'histoire du pays – la Cour concluant que ces lois empiétaient sur le pouvoir du président et violaient la séparation des pouvoirs. Puis, quelques années plus tard, la Cour a invalidé la loi Gramm-Rudman-Hollings – l'une des lois les plus importantes promulguées sous la présidence Reagan, toujours pour des raisons de séparation des pouvoirs. De l'avis de la Cour, le Congrès, par le biais du veto législatif et de la loi Gramm-Rudman-Hollings, a tenté de se donner des pouvoirs qui appartenaient au pouvoir exécutif.

Tout comme dans d'autres domaines où les arrêts de la Cour ont montré une grande incohérence en raison de l'évolution de la composition idéologique de la Cour, son approche du pouvoir présidentiel a oscillé entre des approches réalistes et formalistes des questions de séparation des pouvoirs. Dans l'approche formaliste, la Cour a déterminé que chaque branche n'a que des pouvoirs spécifiques sans chevauchement des tâches – le Congrès fait la loi, le président exécute la loi et les tribunaux interprètent la loi. La conception alternative réaliste reconnaît que gouverner est une préoccupation pratique et comprend les rôles des branches en tant que freins et contrepoids plutôt qu'une stricte séparation des pouvoirs – c'est-à-dire que les rôles se chevauchent de manière significative pour permettre à un gouvernement moderne de fonctionner et de mieux contrôler les abus. De ce point de vue, le pouvoir judiciaire ne devrait jouer qu'un rôle mineur dans le contrôle des décisions des branches élues concernant leurs pouvoirs, mais devrait plutôt laisser ces différends principalement au processus politique. Cette approche est conforme à la façon dont les rédacteurs de la Constitution ont envisagé les divisions du pouvoir de la Constitution. Dans les *Federalist Papers* Numéros 47 et 48, Madison était sceptique quant à la notion d'une séparation stricte des pouvoirs, insistant plutôt sur le fait que les freins et contrepoids étaient à la fois plus réalistes et plus efficaces pour prévenir les abus de pouvoir. Il a écrit que l'on ne peut pas créer la séparation des pouvoirs à travers ce qu'il a appelé des « barrières de parchemin ». Au lieu de cela, il croyait que la meilleure façon de créer des protections contre la tyrannie, l'une des principales justifications de la séparation des pouvoirs, était de donner aux branches des fonctions qui se chevauchent et de permettre le conflit entre elles. Comme Madison l'a fait valoir dans *Federalist* Number 51, « l'ambition doit être faite pour contrecarrer l'ambition ». De leur lutte politique émergera le bon équilibre entre les branches et un intérêt de chaque branche à contrecarrer les abus de pouvoir de l'autre.

En écrivant la Constitution, les auteurs voulaient à la fois créer un exécutif fort qui pourrait gouverner, mais aussi empêcher la tyrannie en séparant les rédacteurs de la loi de l'exécutant de la loi. Cet intérêt pour un président fort est né de la reconnaissance du fait que les Articles de la Confédération, qui ont précédé la Constitution, créaient un gouvernement trop faible. Ainsi, tout en étant attentifs aux abus possibles qui peuvent être commis par un exécutif et en donnant au Congrès le pouvoir de destitution, les rédacteurs de la Constitution voulaient éviter un exécutif trop faible qui ne pouvait pas résoudre les problèmes nationaux. Mais ce qui aurait pu être un bel arrangement à la fin du 18ème siècle, lorsque George Washington était président, a permis des abus de pouvoir modernes de la part du président puisque la Constitution met remarquablement peu de contrôles sur l'autorité présidentielle.

L'une des affaires fondamentales dans lesquelles la Cour s'est attaquée à la croissance du pouvoir présidentiel au XXe siècle concernait la décision du président Harry Truman pendant la guerre de Corée de saisir les aciéries afin d'assurer la production face à une menace de grève. Dans l'avis de la Cour, rédigé par le juge Black, la Cour s'est appuyée sur une vision très formaliste des pouvoirs présidentiels pour conclure que le président n'avait pas le pouvoir de saisir les usines. En examinant l'affirmation de Truman selon laquelle son action était constitutionnelle, Black s'est tourné vers trois sources de pouvoir possibles : a) l'attribution du pouvoir exécutif au président (art. II, § 1) ; b) la clause « prendre soin » que les lois soient implémentées (art. II, § 3) ; et c) le pouvoir du commandant en chef (art. II, § 2, alinéa 1). Il rejeta sommairement l'argument du commandant en chef parce que Truman faisait face à une grève, ne commandant pas de troupes sur un « théâtre de guerre ». Quant aux deux autres sources de pouvoir, il les a rejetées tout aussi facilement parce que, écrit-il, « le pouvoir du président est d'exécuter les lois faites par le Congrès ». Ici, le Congrès n'avait créé aucune loi pertinente, et le président agissait à titre législatif en prescrivant des « règles de conduite » pour les citoyens privés. Pour Black, c'est cette absence d'action du Congrès adoptant ces « règles de conduite » qui a été fatale ici.
Bien que Black ait rédigé l'opinion majoritaire, l'accord du juge Jackson en est venu à être considéré comme le plus important. Jackson a analysé la légitimité des actions présidentielles en divisant les actions présidentielles en trois catégories. Dans la première catégorie, où le pouvoir du président est à son apogée, le président agit conformément à « l'autorisation expresse ou implicite du Congrès ». En d'autres termes, le Congrès a adopté une loi qui donne au président un pouvoir spécifique de prendre une mesure ou a confirmé son accord que le président peut

prendre une telle mesure. Dans la deuxième catégorie, où le Congrès est resté silencieux, il y a une « zone crépusculaire » d'autorité présidentielle concurrente où il n'y a ni approbation législative expresse ni désapprobation. Et dans la troisième catégorie, où le pouvoir du président est le plus faible, il y a des actions prises contrairement à la « volonté expresse ou implicite du Congrès ». Dans cette dernière catégorie, le Congrès a adopté une législation qui contredit ou interdit ce que le président a fait ou prévoit de faire. Jackson est d'accord avec la conclusion ultime de Black selon laquelle le président a outrepassé ses pouvoirs en concluant que l'action de Truman dans la saisie des usines relevait de la catégorie trois et avait été interdite par la désapprobation du Congrès. Il est important de noter que la « zone crépusculaire » de Jackson et la reconnaissance de certains pouvoirs inhérents à la présidence ont fourni une marge de manœuvre plus large pour les actions exécutives que l'approche formaliste de Black. De plus, sa « zone crépusculaire » a également reconnu qu'il existe une zone de chevauchement entre les pouvoirs exécutif et législatif. L'implication est donc qu'il existe un pouvoir exécutif distinct en dehors de la simple exécution des lois. Il convient de noter que, dans l'affaire Youngstown, Jackson a reconnu que la découverte de tels pouvoirs implicites ou inhérents était une invitation à un abus de pouvoir présidentiel. Quelles seraient les limites aux pouvoirs inhérents lorsqu'ils ne sont pas énoncés dans la Constitution ? C'est une question inquiétante.

Le camp formaliste, principalement composé de partisans conservateurs d'une présidence puissante, a une autre approche pour agrandir le pouvoir présidentiel aux dépens du Congrès. Cette théorie, appelée « théorie de l'exécutif unitaire », restreindrait tout effort du Congrès pour s'engager dans « l'exécution » des lois et définirait très strictement les frontières entre les branches. En effet, cette théorie soutient qu'une fois qu'une loi est adoptée, le Congrès a peu ou pas de rôle dans le contrôle de la manière dont elle est exécutée ou par qui. Pour cette approche, il faut regarder la source que ces juristes conservateurs trouvent pour cette compréhension exiguë et irrationnelle du pouvoir du Congrès par rapport au pouvoir présidentiel. Leur argument principal est mince. Essentiellement, ils dépendent de la différence entre la façon dont l'article premier, gouvernant le Congrès, et l'article II, régissant l'exécutif, sont écrits. L'article premier dit : « Tout pouvoir législatif accordé ici sera dévolu au Congrès des États-Unis » (c'est nous qui soulignons) – ce qui implique que le pouvoir législatif consiste uniquement en ce qui est spécifiquement conféré. Mais l'article II, section 1, dit que « le pouvoir exécutif est dévolu à un président des États-Unis » sans le mot « tous » et sans l'expression « accordé ici ». Ces conservateurs ont fait valoir que cette différence sémantique crée un obstacle à la tentative du Congrès de contrôler les actions de l'exécutif telle que l'interdiction faite au président de destituer certains fonctionnaires, sauf pour de bonnes raisons.

À la fin du 20ème siècle, les conservateurs ont commencé à saisir cette idée au service d'une présidence extrêmement puissante, en particulier sous les administrations Reagan et Bush. En effet, comme le juge Scalia l'a dit un jour, la théorie de l'exécutif unitaire concerne une chose : le pouvoir. De manière générale, la théorie soutient que le président des États-Unis a le pouvoir de contrôler l'ensemble du pouvoir exécutif. Scalia lui-même a créé le cadre de ce qu'on appelle maintenant la théorie de l'exécutif unitaire dans sa dissidence dans *Morrison c. Olson* (1988), bien que des allusions à la théorie puissent être trouvées dans des avis antérieurs de la Cour suprême tels que *Myers c. États-Unis* et *Humphrey Executor c. États-Unis*. Dans l'affaire *Morrison*, la Cour a confirmé le pouvoir du Congrès, en vertu de la Loi sur l'éthique au gouvernement, qui peut nommer un avocat indépendant à la magistrature et d'exiger que cet avocat indépendant ne puisse être révoqué par le président que pour un « motif valable ». La loi sur l'éthique au gouvernement a été adoptée en réponse à divers abus présidentiels, y compris l'affaire Iran-Contra, afin d'assurer une enquête indépendante sur le président ou ses plus hauts responsables. Dans la dissidence de Scalia dans Morrison, il a jeté les bases de la théorie de l'exécutif unitaire et a fait valoir que les dispositions de la loi interféraient avec le contrôle présidentiel sur le pouvoir exécutif. De ce point de vue, le président ne devrait jamais être contraint de nommer ou de révoquer les personnes dans son administration, sauf dans les cas expressément énoncés dans la Constitution. Scalia a noté qu'en vertu de la clause d'acquisition, article II, § I, cl. 1 de la Constitution, « Le pouvoir est dévolu à un président des États-Unis » et le président possède « tout le pouvoir exécutif », pas seulement une partie de celui-ci (il faut ici noter que le mot « tout » ne se trouve pas dans cette clause). Ainsi, le Congrès n'a pas de pouvoir exécutif, ce qui inclut le pouvoir d'influencer les décisions de révocation du personnel, et le président devrait avoir la possibilité de révoquer avec ou sans motif toute personne au sein du pouvoir exécutif.

L'adoption de cette théorie par le ministère de la Justice de Trump, et en particulier par le procureur général de l'époque, Bill Barr, démontre les implications dangereuses de cette approche du pouvoir exécutif. Barr a travaillé dur pour faciliter et défendre les actions de Trump visant à entraver la justice et à saper l'état de droit. Par exemple, plusieurs jours avant de publier une version fortement expurgée du rapport Mueller (rapport enquêtant sur le rôle de Trump dans l'obstruction à la justice et l'engagement de sa campagne avec des agents russes), Barr a écrit un résumé

très trompeur, déclarant, contrairement au rapport, que le président n'avait pas commis d'obstruction à la justice ; il a ordonné une enquête sur les responsables qui avaient été impliqués dans l'enquête sur l'ingérence russe dans les élections de 2016 ; il a annulé la demande des procureurs de la ligne du ministère de la Justice qui sollicitaient une peine plus courte pour l'associé de Trump, Roger Stone ; il a tenté de saper les procureurs qui poursuivaient des accusations contre le consigliere de Trump, Michael Cohen ; et plus récemment, Barr a décidé d'abandonner les poursuites contre Michael T. Flynn, un autre proche de Trump. Cette décision, dans une affaire où Flynn avait déjà plaidé coupable, a incité beaucoup de gens à s'inquiéter du fait que la décision ait été prise pour des raisons politiques. Barr est depuis longtemps un partisan de la théorie de l'exécutif unitaire, qui soutient que l'intention initiale de l'article II de la Constitution place toute l'autorité exécutive uniquement sous le contrôle du président. Cette théorie alarmante – et très contestée – postule que le président a le pouvoir de prendre toutes les décisions, y compris l'embauche, le licenciement et, peut-être le plus effrayant, de savoir s'il faut ou non engager ou mettre fin à une poursuite. Cette vision de l'article II a de grandes conséquences sur l'état de droit en général et montre que « l'enfermer » (« *lock her up* » en regard de Hilary Clinton) n'est pas seulement quelque chose que les partisans de Trump scandent lors d'un rassemblement politique, mais bien une position juridique.
Barr a fait carrière en défendant cette théorie, commençant comme chef du Bureau du conseiller juridique du ministère de la Justice sous l'administration de George H.W. Bush, lorsqu'il a rédigé une note permettant au FBI de pouvoir détenir des fugitifs à l'étranger sans l'accord du pays étranger où ils ont été saisis. Après être devenu procureur général adjoint dans cette même administration, il a informé

le président qu'il n'avait pas besoin d'une autorisation du Congrès pour déployer des troupes en Irak. Plus récemment, il a envoyé un mémo non sollicité au président Trump le 8 juin 2018, apparemment dans l'intérêt d'être embauché en tant que procureur général, faisant valoir que l'enquête Mueller était juridiquement insupportable, en particulier parce que le président ne peut pas commettre d'obstruction à la loi, à moins qu'il ne commette un crime réel, telle que la falsification de témoins. Selon la note de Barr, le « pouvoir discrétionnaire de poursuite du président n'est pas révisable ».

Barr est un compagnon de route dans sa croyance en un président tout-puissant avec le défunt juge de la Cour suprême Antonin Scalia et l'ancien juge et candidat raté à la Cour suprême Robert Bork, qui a congédié l'avocat spécial indépendant Archibald Cox pendant le scandale du Watergate alors que personne d'autre ne l'aurait fait – parce qu'il croyait que c'était le droit du président Nixon de le faire. Sous le président George W. Bush, les avocats du ministère de la Justice se sont appuyés sur la théorie pour faire avancer des positions controversées autorisant la torture et les écoutes téléphoniques sans mandat des Américains sur le sol américain. Au-delà du simple fait de soutenir que ces positions politiques sont autorisées par la théorie de l'exécutif unitaire, les partisans soutiennent que la capacité de contrôler tout le personnel du pouvoir exécutif, ainsi que la prise de décision en matière de poursuites, est imposée par la théorie. Cette position sous-tend l'opposition aux propositions de suppression pour cause juste pour les inspecteurs généraux des agences et à l'indépendance du directeur du Consumer Finance Protection Bureau, ou de la Réserve fédérale d'ailleurs.

En ce qui concerne l'affaire Flynn, les juges du circuit D.C. ont déterminé que le MJ avait le droit illimité de rejeter l'affaire contre lui, adhérant à la théorie de l'exécutif unitaire. La juge Naomi Rao, s'exprimant au nom du panel divisé de trois juges de la Cour d'appel des États-Unis pour le circuit pour le District of Columbia (D.C.), a statué que le juge de district américain Emmet Sullivan n'avait pas le pouvoir de remettre en question la décision du ministère de la Justice d'abandonner ses poursuites contre Flynn. Rao, une personne nommée par Trump à la cour, a précisé dans son opinion que :

« Chacune de nos trois branches coégales devrait être encouragée à s'auto-corriger lorsqu'elles se trompent. Si des éléments de preuve mettent en doute l'intégrité ou le but d'une enquête criminelle sous-jacente, le pouvoir exécutif doit avoir le pouvoir de décider que de nouvelles poursuites ne sont pas dans l'intérêt de la justice... Dans ce cas, les actions du tribunal de district entraîneront des préjudices spécifiques à l'exercice du pouvoir exclusif de poursuite du pouvoir exécutif. »

Le ministère de la Justice de Barr a fait valoir dans son mémoire à la Cour d'appel qu'il serait en fait « inconstitutionnel pour un tribunal de rejeter une requête en autorisation de rejeter une accusation ». En particulier, le mémoire postulait que « ni le pouvoir judiciaire ni le pouvoir législatif ne peuvent interférer directement avec le pouvoir discrétionnaire de l'exécutif en matière de poursuites en ordonnant à ce dernier de poursuivre des individus particuliers ». Les deux juges majoritaires étaient d'accord avec cet argument, estimant que « [l]a procédure envisagée exigerait probablement que l'exécutif révèle le processus délibératif interne qui sous-tend son exercice du pouvoir discrétionnaire en matière de poursuites, ce qui interférerait avec le pouvoir d'inculpation prévu à l'article II ».

Alors que Barr a toujours été habile à dissimuler ses significations en jargon juridique, à faire paraître ses déclarations sensées, nous devons prendre note de ce que prétendent les partisans de la théorie de l'exécutif unitaire : le président peut diriger les décisions de poursuite et ce, qu'il le fasse ou non pour des raisons politiques. Des universitaires et d'autres ont tiré la sonnette d'alarme sur le fait que le président Trump représentait une menace pour la démocratie, et il est clair que les dirigeants étrangers qui ont le mieux réussi à substituer un régime autoritaire aux pratiques démocratiques ont également adopté une théorie exécutive unitaire comme mécanisme le plus efficace pour atteindre leurs objectifs, y compris la prise de contrôle du pouvoir de poursuite.

La Cour suprême s'est récemment penchée sur la théorie de l'exécutif unitaire dans l'affaire *Seila Law c. CFPB*, où la Cour 5-4 a statué que les restrictions imposées par le Congrès au pouvoir du président de destituer le chef d'une agence fédérale étaient inconstitutionnelles – la Cour n'a pas largement adopté la théorie de l'exécutif unitaire dans cette affaire, mais a jeté les bases de son expansion. La juge Elena Kagan, dans son accord, a adopté un point de vue très différent des restrictions de renvoi elles-mêmes. À son avis, la conclusion de la majorité, selon laquelle les restrictions de renvoi sont inconstitutionnelles, est incompatible avec la Constitution, qui ne traite pas du tout de l'autorité de renvoi de président, et avec l'histoire des États-Unis – qui, écrit-elle, reflète que le Congrès a eu une « grande latitude » pour créer des agences indépendantes comme celle en question dans l'affaire. Et malgré la suggestion de la majorité selon laquelle le président dispose de pouvoirs de renvoi presque illimités, la Cour suprême a « confirmé à plusieurs reprises des dispositions qui empêchent le président de licencier des responsables de la réglementation, sauf pour des questions de négligence ou de malversation ». Le résultat de cette affaire et d'une autre plus récente est finalement de limiter les pouvoirs du Congrès en faveur d'une présidence forte.

Il est extrêmement troublant que la Cour suprême semble maintenant indiquer son soutien à cette théorie radicale. Essentiellement, ce que la Cour pourrait bientôt adopter, c'est l'idée qu'un président avide de pouvoir ait un contrôle illimité sur les instruments de l'application de la loi et de la prise de décision en matière de poursuites, ainsi que sur le reste des pouvoirs du gouvernement fédéral. Il ne pourrait y avoir de menace plus directe pour l'état de droit, fondement d'un système démocratique. Ainsi, à partir de 2022, la Cour est sur le point de reconnaître un pouvoir incontrôlable au sein de la présidence pour éviter des poursuites. Nous verrons où cela nous mènera si un autre Trump, ou Trump lui-même, est élu président.
Avant de conclure ce chapitre portant sur l'examen de l'approche de la Cour à l'égard du pouvoir présidentiel, il faut s'attarder sur l'analyse des affirmations présidentielles du pouvoir dans le contexte des affaires étrangères par rapport au contexte national.

1. Le Président, la Cour et les affaires étrangères

En général, la Cour a appliqué une approche très déférente aux pouvoirs du président en matière d'affaires étrangères. Cela a un certain sens compte tenu du fait que la principale préoccupation derrière la séparation des pouvoirs est la protection des citoyens contre l'arbitraire des actions gouvernementales, qui n'est généralement pas impliquée par des affaires purement étrangères. De même, les affaires étrangères relèvent beaucoup plus directement du président que du Congrès en raison de la nature des interactions avec les dirigeants et les gouvernements étrangers. Ainsi, dans ce domaine, le pouvoir judiciaire a eu tendance à ne pas beaucoup interférer avec les décisions de l'exécutif.
Récemment – mais probablement seulement momentanément, alors que la Cour s'est définitivement

déplacée vers la droite dans l'intervalle – celle-ci a jeté un regard plus critique sur les actions du président dans la soi-disant « guerre contre le terrorisme » sous l'administration Bush. Sept jours après les attaques terroristes du 11 septembre contre les États-Unis, le Congrès a adopté la résolution sur l'autorisation de l'usage de la force (AUMF) qui donnait au président le pouvoir « d'utiliser toute la force nécessaire et appropriée contre les nations, les organisations ou les personnes qu'il détermine comme ayant planifié, autorisé, commis ou aidé des attaques terroristes qui ont eu lieu le 11 septembre 2001, ou abritaient de telles organisations ou personnes, pour empêcher tout acte futur de terrorisme international aux États-Unis par ces nations, organisations ou personnes. » George W. Bush s'est emparé de l'AUMF comme d'un large pouvoir pour s'engager dans une variété d'activités qui allaient bien au-delà de l'envoi de troupes en Afghanistan et impliquaient la torture, les détentions illégales, l'espionnage domestique et une foule d'autres politiques illégales et inappropriées.

Un certain nombre de contestations judiciaires ont été intentées contre l'abus de pouvoir de l'administration Bush. La première affaire à être portée devant la Cour, *Hamdi c. Rumsfeld*, impliquait un citoyen américain détenu comme un « combattant ennemi » après sa capture en Afghanistan. Le président a revendiqué le pouvoir de détenir Hamdi indéfiniment, sans aucune procédure légale. La Cour a estimé que l'administration avait le pouvoir de détenir Hamdi, notant que la détention de citoyens est parfois autorisée par la Constitution et que l'AUMF a fourni au président l'approbation du Congrès pour le faire dans cette affaire. Nonobstant, ce avec quoi la Cour n'était pas d'accord, c'était la procédure accordée à Hamdi, qui ne respectait pas suffisamment les droits à une procédure régulière d'un citoyen en vertu de la Constitution. En effet, il aurait dû être confronté à des preuves et avoir eu une certaine chance de les réfuter, même s'il n'avait pas toutes les protections d'une procédure judiciaire normale. Ce qui est le plus important dans cette affaire, c'est sa déclaration selon laquelle les tribunaux devraient avoir un rôle dans la supervision des actions du président, même dans la guerre. Dans les affaires qui ont suivi Hamdi, traitant des retombées de l'Afghanistan et de l'Irak, la Cour a continué d'imposer certaines limites au président, notamment en raison des efforts de Bush pour mettre en place des tribunaux militaires pour les détenus qui n'avaient pas de protections procédurales de base et admettaient les preuves produites par la torture des détenus. La position de la Cour était assez surprenante car, jusque-là, elle avait été extrêmement déférente envers le président en temps de guerre, permettant la rafle et la détention d'Américains d'origine japonaise pendant la Seconde Guerre mondiale.

Il convient de noter que l'affirmation du président, dans l'affaire Hamdi, selon laquelle il avait le pouvoir inhérent en vertu de l'article II de détenir des prisonniers de guerre et des combattants ennemis, même sans l'autorisation du Congrès, n'a pas été prise en compte. Malgré cette prétention d'autorité inhérente, Bush a néanmoins acquiescé à ces décisions. Comme il l'a déclaré dans sa réponse à la décision rendue par la Cour suprême en 2008 dans l'affaire *Boumediene c. Bush*, où la Cour a statué que les « combattants ennemis » détenus à Guantanamo Bay ont droit à l'*habeas corpus* pour contester leur détention, « Nous nous conformerons à la décision de la Cour – cela ne signifie pas que je dois être d'accord avec elle. »

Néanmoins, ces affaires ont peut-être été un point culminant de l'ingérence de la Cour dans le pouvoir de guerre présidentiel et nous verrons sans aucun doute la Cour revenir à une position déférente alors que les futurs présidents, surtout s'ils sont républicains, revendiquent les pouvoirs incontrôlables de faire la guerre.

2. Le Président, la Cour et les affaires intérieures

L'un des principaux domaines de conflit sur les pouvoirs présidentiels concerne la capacité du président à résister à la surveillance du Congrès ou des tribunaux. En général, les différends se sont concentrés sur la question de savoir si le président a le privilège juridique de résister aux demandes de documents ou de témoins lors des audiences. Il va sans dire que le président et certains hauts fonctionnaires du pouvoir exécutif ont besoin de maintenir des communications confidentielles dans certaines circonstances et de résister à certaines assignations à comparaître et autres contrôles à la recherche d'informations ou de personnels particuliers relatifs à ces communications confidentielles. Ce droit entre en jeu lorsque l'on révèle que l'information nuirait à d'importantes fonctions gouvernementales — c'est ce qu'on appelle le « privilège exécutif ». Ni le privilège exécutif ni le pouvoir de surveillance du Congrès ne sont explicitement mentionnés dans la Constitution, mais la Cour a considéré que le privilège exécutif et la surveillance du Congrès découlent de la séparation des pouvoirs et découlent de la suprématie de chaque branche dans son propre domaine d'activité constitutionnelle.

Le principal cas sur l'étendue et les limites du pouvoir présidentiel dans le contexte national a été le scandale du Watergate, impliquant le président Richard M. Nixon, qui a conduit à la démission de celui-ci. Nixon avait été pris dans le scandale pendant deux ans dont l'origine se trouve dans un certain nombre de violations de la loi sur la campagne et d'autres activités illégales entreprises par le président et sa campagne. Finalement, sous la pression du public, Nixon autorisa la nomination d'un avocat spécial pour enquêter sur lui et autorisa la publication de règlements donnant au procureur spécial le pouvoir de contester l'invocation, par Nixon, du privilège exécutif et de rechercher des preuves pertinentes au scandale. L'avocat spécial a ainsi inculpé les principaux assistants de Nixon et a assigné à comparaître des conversations enregistrées dans le bureau ovale à l'appui de l'acte d'accusation. Nixon a refusé de les remettre, invoquant le privilège exécutif. Lorsque l'affaire a été portée devant la Cour suprême, Nixon a fait valoir qu'il n'était soumis à aucune procédure judiciaire ; que même s'il faisait l'objet d'une procédure judiciaire, seul le président pouvait déterminer la portée du privilège exécutif ; et que, si en fait la Cour parvenait à déterminer la portée du privilège, la Cour devait conclure que le privilège exécutif couvrirait le refus de Nixon de remettre les preuves spécifiées.

La Cour a rejeté tous ses arguments. Bien qu'elle reconnaisse qu'un privilège exécutif est nécessaire au fonctionnement d'une administration présidentielle, il s'agit néanmoins d'un privilège limité. Toute partie qui cherche de telles preuves doit faire une « preuve suffisante » que le « matériel présidentiel » est « essentiel à la justice de l'affaire ». La Cour a également reconnu que le privilège serait plus applicable dans le domaine de la sécurité nationale et moins dans d'autres domaines. Selon la Cour, « lire les pouvoirs conférés par le président en vertu de l'article II comme accordant un privilège absolu par rapport à une assignation à comparaître essentielle à l'exécution des lois pénales sur une simple revendication généralisée d'intérêt public dans la confidentialité des discussions non militaires et non diplomatiques bouleverserait l'équilibre constitutionnel d'un « gouvernement viable » et compromettrait gravement le rôle des tribunaux en vertu de Article III ». Parce que Nixon n'avait affirmé qu'un besoin généralisé de confidentialité, la Cour a statué que l'intérêt public plus large à obtenir la vérité dans le contexte des poursuites pénales avait préséance.

Depuis cette affaire, la Cour s'est mise au travail pour décider quand le privilège exécutif peut être invoqué en ce qui concerne les procédures judiciaires et la surveillance du Congrès. Dans ces affaires, la Cour a fait des distinctions selon que les affaires soient criminelles ou civiles, que le président ait exprimé un fort besoin de confidentialité et quels sont les intérêts contraires revendiqués par les procureurs ou le Congrès.

Plus récemment, ces questions ont atteint un point culminant pour Trump alors que le Congrès et les tribunaux cherchaient des témoignages et des documents. Alors que les procédures judiciaires ont concerné un éventail d'accusations, notamment de viol, de malversations financières et de fraudes, les enquêtes du Congrès se sont récemment concentrées sur les efforts de Trump pour renverser les élections de 2020. Jusqu'à Trump, la Cour n'avait pas pesé sur le pouvoir de surveillance du Congrès par opposition à la capacité d'un tribunal à obtenir des documents ou des témoignages. Pour cette raison, entre autres, ces cas étaient très importants.

Comme nous l'avons mentionné, dans l'affaire États-Unis *c. Nixon*, une Cour suprême unanime a expliqué en 1974 : « Ni la doctrine de la séparation des pouvoirs ni le besoin généralisé de confidentialité dans les communications de haut niveau, sans plus, ne peuvent soutenir un privilège présidentiel absolu et sans réserve d'immunité de procédure judiciaire en toutes circonstances. » C'est pourquoi, dans sa décision de 2020 dans l'affaire *Trump c. Mazars*, même la Cour conservatrice moderne a refusé d'étendre le privilège exécutif au-delà de ses limites existantes pour protéger les dossiers financiers privés de Trump contre la divulgation.

Dans l'affaire *Mazars*, la Cour a déclaré que le Congrès dispose de larges pouvoirs d'enquête et peut enquêter sur le

pouvoir exécutif et même sur le président. En outre, la Cour a rejeté une proposition de norme renforcée pour toutes les assignations à comparaître adressées au président qui avait été proposée par le ministère de la Justice de Trump, déterminant qu'une norme accrue ne devrait s'appliquer qu'aux communications officielles qui pourraient être soumises au privilège exécutif et pas seulement à n'importe quelle assignation à comparaître. Cependant, la Cour a également statué que les assignations à comparaître visant à obtenir des documents impliquant le président devaient répondre à une norme un peu plus stricte que les autres assignations à comparaître du Congrès. Pour de telles assignations, la Cour a statué que les tribunaux doivent équilibrer plusieurs facteurs : si le Congrès peut obtenir les informations d'une source non présidentielle, si les raisons du Congrès sont suffisamment valables pour demander les documents et s'il existe des charges particulières pour le président résultant du respect des assignations. La Cour a renvoyé les tribunaux inférieurs pour qu'ils appliquent la nouvelle norme aux assignations à comparaître spécifiques en cause. Les tribunaux inférieurs ont fermement soutenu les assignations à comparaître exigeant des documents et des témoignages.
Plus récemment, la Cour a été aux prises avec des conflits entre le président et le Congrès impliquant des efforts pour enquêter sur les allégations de l'ancien président Trump pour inciter à l'insurrection. Le comité spécial de la Chambre enquêtant sur l'insurrection du Capitole du 6 janvier a tenu des audiences télévisées pour partager ce qu'il a appris des plus de 300 témoins et des dizaines de milliers de documents consultés. Pour en arriver là, cependant, il a fallu beaucoup de querelles juridiques entre Trump et le Congrès, Trump obtenant finalement la fin perdante. Cela a été affecté en partie par le fait que le président Joe Biden ait décidé de ne pas invoquer le

privilège exécutif au nom de Trump. En ce qui concerne la protection des secrets militaires et d'État, la Cour suprême a déclaré en 1953 dans l'affaire *États-Unis c. Reynolds* que le « privilège appartient au gouvernement, et doit être affirmé par lui ; il ne peut être ni revendiqué ni renoncé par une partie privée » (ce qui est le statut de Trump maintenant).

« Il ne doit pas être invoqué à la légère », a expliqué le tribunal. « Il doit y avoir une revendication formelle de privilège, déposée par le chef du département qui a le contrôle de l'affaire, après examen personnel réel par cet agent. » Trump a engagé un litige sur la question de savoir si son affirmation du privilège exécutif remplacerait la décision contraire de Biden en vertu de la Loi sur les archives présidentielles afin de déterminer si le comité pourrait consulter les documents archivés de la Maison Blanche. Mais Trump a carrément perdu cette affaire devant la Cour d'appel des États-Unis pour le circuit pour le District of Columbia (D.C.) Jusqu'à cette affaire, la question de savoir si les anciens présidents pouvaient faire valoir le privilège exécutif quant aux événements qui se sont produits pendant qu'ils étaient présidents n'était pas tranchée. Alors maintenant, il semble qu'ils puissent affirmer le privilège, mais il peut facilement être rejeté par l'occupant actuel de la Maison Blanche. Et par la suite, dans l'affaire *Trump c. Thompson*, les Archives nationales ont commencé à remettre des documents au Comité spécial de la Chambre le 6 janvier. Parmi les documents figuraient des journaux téléphoniques et des journaux présidentiels montrant un écart alarmant de 7 heures dans les communications de Trump le jour de l'attaque.

En fin de compte, la Cour a admis à contrecœur que le Congrès avait le pouvoir de commander des documents et des témoignages à un président pour aider à la surveillance. En bref, le privilège exécutif peut être compensé par d'autres intérêts publics – et l'intérêt du Congrès à enquêter sur le 6 janvier est en effet l'un d'entre eux. Pour de nombreuses raisons, les tribunaux ont rejeté les efforts de Trump pour empêcher son ancien personnel de témoigner et de retirer des documents des mains des enquêteurs du Congrès. Mais Trump a peut-être été un cas particulier. La Cour actuelle, avec son inclination à de vastes pouvoirs présidentiels, était peut-être un peu plus disposée à accepter les demandes du Congrès. Son approche formaliste de la séparation des pouvoirs, qui renvoie à d'autres époques dominées par une Cour de droite, pourrait conduire à constater dans des affaires ultérieures que le Congrès n'a, en fait, pas le pouvoir de contrôler le président. Ceux d'entre nous qui craignent une version plus intelligente et plus tactique de Trump ne pensent pas que la Cour sera un rempart contre la tyrannie.

Chapitre 5 : LE DEBAT EN CE MOMENT — POURQUOI REFORMER LA COUR ?

Plus tôt ce mois-ci, dans l'affaire *Dobbs c. Jackson Women's Health Organization*, la majorité des juges a infirmé l'arrêt *Roe c. Wade* et donné aux États la possibilité d'interdire ou de limiter strictement l'accès aux droits reproductifs.

Cette Cour suprême radicale qui a renversé *Roe* avait déjà permis à un système de chasse aux primes d'entraver l'accès des femmes à l'avortement au Texas et à contrecarrer une myriade d'efforts pour contrôler la pandémie de coronavirus par le biais de réglementations étatiques et locales, sans parler de saper les droits de vote et les efforts pour contrôler l'argent sale dans notre système politique. Et dans beaucoup – sinon la plupart - de ces cas le résultat était de six contre trois. Comme l'a dit la juge Sonia Sotomayor, la Cour est imprégnée de la « puanteur » de la politique, tant dans la façon dont ses membres ont été choisis que dans les décisions qu'elle rend.

Ce qui est devenu limpide, c'est que, sans quelques changements majeurs à la Cour, ce calcul régira la vie des Américains pendant au moins trois décennies. En effet, en raison du pouvoir de la Cour, ce calcul affectera également l'état du monde, car la Cour rendra des décisions qui pourraient paralyser les efforts visant à lutter contre le changement climatique, à lutter contre la criminalité transfrontalière, y compris le trafic d'armes, et à interférer avec les efforts du Congrès ou du Président pour protéger la santé dans le monde entier. Sur la base de l'âge des juges et de l'ancienneté estimée, les États-Unis auront une Cour suprême réactionnaire pendant plus d'une génération.

Il y a trop d'enjeux pour permettre à l'emprise d'une droite radicale de déterminer l'avenir pendant une si longue période de temps. C'est pourquoi je crois profondément que les Américains doivent réformer la Cour suprême et, surtout, ajouter des juges capables d'atténuer ce virage à droite brusque. Pendant huit mois, j'ai siégé à la Commission présidentielle de la Cour suprême, où nous avons entendu des témoignages, nous nous sommes engagés dans une analyse approfondie des propositions visant à changer la Cour, nous avons échangé entre nous et nous avons finalement produit un rapport long et dense. À la fin de notre travail, j'étais d'accord avec ceux qui préconisaient un tribunal plus grand. D'abord sceptique, j'étais persuadé que nous sommes confrontés à un avenir difficile sans cette réforme. Bien que je demeure une partisane de la limitation du mandat des juges, cette réforme n'aura pas d'impact assez tôt pour empêcher la tyrannie constitutionnelle de la Cour. J'aborderai toutes les réformes proposées ci-dessous, mais l'élargissement des tribunaux est le plus immédiat et le plus efficace.

Comme ce livre a tenté de le montrer, la Cour suprême des États-Unis occupe une place centrale dans les batailles idéologiques actuelles de l'Amérique. Ce n'est pas simplement parce que la nation est très polarisée politiquement, mais aussi parce que la Cour suprême elle-même jouit d'un statut spécial à la fois en raison de son rôle dans la structure constitutionnelle et de ses pouvoirs uniques. Dans une mesure surprenante pour les gens d'autres nations, la Cour a exercé un impact énorme sur la vie aux États-Unis en termes de vie personnelle et de mode de vie. Toutefois, la Cour a également joué un rôle déterminant dans le système de gouvernement, la façon dont les branches interagissent et les pouvoirs qu'elles peuvent exercer. Et chaque juge individuel, en raison de son mandat à vie, est un individu particulièrement puissant. La division politique aiguë et profonde du pays rend les batailles sur le personnel et les décisions de la Cour encore plus aiguës.

Ce n'est pas seulement au XXe siècle que la Cour est devenue un foyer de conflit. Elle a longtemps été un paratonnerre pour la critique ou l'approbation en raison de décisions particulières ou d'une tendance jurisprudentielle qui a changé la nation – de sa tristement célèbre décision *Dred Scott* affirmant que les Noirs ne pouvaient pas être des citoyens à part entière, des décisions d'après La Guerre Civile limitant la portée des amendements de Reconstruction, de ses nombreuses décisions bloquant la réglementation économique et du travail pendant l'ère progressiste à la fin du XIXème siècle, puis de la législation du *New Deal* conçue pour sauver la nation de la Grande Dépression, à son rôle starisé dans la répudiation de la ségrégation dans *Brown c. Board of Education*, et sa protection des libertés civiles, y compris le droit à la vie privée et le choix d'avoir ou non un enfant. À certains égards, le débat actuel sur la réforme de la Cour n'est donc pas surprenant.

À l'heure actuelle, les décisions de la Cour jouent le même rôle existentiel dans la vie américaine. Plus récemment, la Cour a statué que les femmes n'ont plus le droit constitutionnel de décider si elles doivent ou non porter un enfant et que les États ne peuvent pas imposer de nombreuses restrictions rationnelles à la possession et à l'utilisation d'armes à feu – cette décision prise peu de temps après une série de fusillades de masse la rend particulièrement odieuse et déconnectée de la vie moderne. De même, la Cour a récemment rendu des décisions sur une série de questions ayant un impact massif, à la fois à long et à court terme sur les personnes et les communautés. Les décisions de la Cour à notre époque moderne continuent d'avoir des effets immédiats et à long terme sur le bien-être des individus et des communautés, y compris les droits des

personnes du même sexe à se marier, le droit de porter des armes, la liberté religieuse, la propriété, les droits et libertés reproductifs des femmes, l'accès aux soins de santé, la participation au processus politique et au vote, le fonctionnement du système de justice pénale, la diversité dans l'enseignement supérieur, la réglementation des lieux de travail et le droit syndical, entre autres.
En raison de l'énorme pouvoir qu'ils exercent, la sélection des juges est devenue une forme de guerre féroce. Le processus de sélection est un jeu à enjeux élevés pour les militants, les partisans et les idéologues de tout le spectre politique qui sont pleinement conscients que la Cour peut être la meilleure arène pour protéger ou contester les droits et libertés qui leur sont chers, y compris le pouvoir d'autres branches du gouvernement ou des États de légiférer dans ces domaines.
La structure constitutionnelle et la compréhension de cette structure avancée par la Cour elle-même l'ont placée au centre des débats politiques américains. La Cour exerce le pouvoir non seulement de contrôle judiciaire, mais aussi de suprématie judiciaire – le droit de définir la portée des droits constitutionnels, d'invalider les lois qu'elle juge incompatibles avec la Constitution et, en fin de compte, d'avoir le dernier mot sur les questions d'interprétation constitutionnelle. Avec leur mandat à vie et leurs périodes de service de plus en plus longues — beaucoup des juges sont à la Cour depuis plus de 30 ans maintenant — aussi il est d'autant plus important de savoir qui siège à la Cour. Pas plus tard qu'à la fin des années 1960, les juges siégeaient en moyenne 15 ans — de et cette durée s'élève désormais à 28 ans. Plusieurs juges ont même servi pendant plus de 30 ans, et ont ainsi connu de nombreuses présidences et évolutions sociétales.
Les démocrates ont monté une opposition féroce contre le juge Robert Bork, nommé en 1987 par le président Ronald

Reagan, en raison de ses opinions extrêmes. Malgré le fait que la jurisprudence de Bork était d'extrême droite, ses partisans ont tenté d'affirmer que son bilan et ses opinions étaient mal interprétés par ses adversaires. Ils ont inventé le terme « *Borked*», qui est maintenant reconnu dans le dictionnaire comme signifiant qu'un candidat avait fait l'objet d'un traitement injuste par le biais « d'une campagne organisée de critique publique sévère ou de dénigrement ». En réalité, le juge Bork a été traité de façon assez équitable et a eu droit à une audience approfondie au cours de laquelle il a eu l'occasion de présenter et de défendre longuement son point de vue. Sa nomination n'a pas été bloquée, mais a échoué parce qu'une majorité a voté contre lui après un débat acharné — mais son statut de victime présumée a permis à ceux qui sont à droite de prétendre que les démocrates ont été également en faute dans les luttes de nomination de plus en plus partisanes.
Le président Donald Trump a été en mesure de faire trois nominations à la Cour, qui ont toutes suscité une controverse importante en raison des opinions extrêmes des candidats et du processus qui a été utilisé. Tout d'abord, après la mort du juge Scalia en février 2016, la majorité républicaine au Sénat a absolument refusé d'envisager la nomination par le président Barack Obama en mars 2016 du juge Merrick Garland pour occuper ce siège. Cette obstruction sans précédent a eu pour résultat que le siège est resté vide pendant neuf mois, permettant à Trump de le remplir. Garland n'a pas obtenu autant qu'une audience devant la commission judiciaire du Sénat malgré le fait qu'il avait été confirmé avec de forts votes républicains à son siège à la Cour d'appel du district de Columbia. Les sénateurs républicains avaient même encouragé Obama à le nommer à la Cour suprême parce qu'ils préféraient ce modéré à ceux qu'ils craignaient qu'Obama ne nomme autrement. Le président Donald Trump a ensuite nommé le

juge Neil Gorsuch pour occuper le siège vacant. Ensuite, à l'été 2018, le juge Kennedy – largement considéré comme occupant le centre idéologique de la Cour – a annoncé qu'il prendrait sa retraite. Le président Trump a nommé le juge Brett Kavanaugh, que le Sénat a confirmé après des audiences litigieuses et un débat acharné. Kavanaugh, accusé de manière crédible d'inconduite sexuelle, a été écarté par les républicains qui ont limité l'enquête normale du FBI pour éviter de découvrir encore plus de preuves de malversations possibles. Finalement, le juge Ginsburg est décédé en septembre 2020, créant un autre poste vacant pour l'année électorale. Bien que la majorité républicaine du Sénat se soit opposée à la confirmation du juge Garland pendant près de neuf mois avant l'élection de 2016, cette fois, elle a accepté la nomination du juge Amy Coney Barrett par le président Trump et l'a confirmée en moins d'un mois, le 26 octobre, après que le vote à l'élection présidentielle de 2020 a eu déjà commencé.

Lorsque le juge Breyer a annoncé qu'il prendrait sa retraite, le président Biden a nommé le juge Ketanji Brown Jackson de la Cour d'appel des États-Unis pour le district de Columbia pour prendre son siège. Jackson est la première femme noire nommée ou confirmée à la Cour suprême. Ses audiences de nomination ont mis en évidence la suprématie blanche nouvellement affirmée du Parti républicain. Les sénateurs lui ont posé des questions rabaissantes, ont attaqué ses références impeccables et ont essayé de salir son nom avec des insinuations et de fausses accusations. Jackson a conduit les audiences avec aplomb, démontrant sa supériorité intellectuelle et morale, tout en maintenant un comportement accessible et modeste.

Depuis 1968, les votes pour les juges de la Cour suprême ont été enregistrés. Avant cette date, la plupart des juges ont été confirmés lors d'un vote vocal parce que les nominations n'étaient pas très controversées. Le vent a toutefois tourné et, maintenant, non seulement les votes sont enregistrés, mais ils sont aussi de plus en plus partisans. La plupart des juges reçoivent maintenant des votes principalement ou parfois uniquement du parti du président qui les a nommés. Le juge Sotomayor a reçu 68 voix (tous les démocrates et neuf républicains ont voté pour confirmer); le juge Kagan, 63 voix (tous les démocrates sauf un et seulement cinq républicains votant pour confirmer); le juge Gorsuch, 54 voix (tous républicains et seulement trois démocrates votant pour confirmer); le juge Kavanaugh, 50 voix (tous républicains et un seul démocrate votant pour confirmer); et le juge Barrett, 52 voix (tous les républicains sauf un et aucun démocrate votant pour confirmer).

À bien des égards, ces batailles de confirmation sont plus importantes que les campagnes présidentielles. Il n'est donc pas surprenant que les campagnes qui imitent les campagnes politiques régulières cherchent à affecter le résultat de la sélection et de la confirmation des juges. Des millions et des millions de dollars vont au lobbying et aux achats de médias pour influencer le président, les sénateurs et le grand public quant à savoir qui devrait être choisi et confirmé – ou bloqué, y compris d'énormes efforts de droite soutenant Brett Kavanaugh et Amy Coney Barrett. Ces efforts visent à s'assurer que la Maison-Blanche accorde une attention particulière aux antécédents et aux points de vue des candidats afin de s'assurer qu'ils prendront des décisions conformes aux idées des militants et des donateurs. Avec le mandat à vie, plus le candidat est jeune, plus ces points de vue resteront longtemps dominants.

Ces batailles ont contribué à susciter des appels à la réforme de la part de nombreux défenseurs, en particulier de ceux d'entre nous qui croient que les sièges précédemment occupés par les juges Scalia et Ginsburg ont été « volés » par les républicains aux démocrates. Il va de soi que les républicains ont obtenu la super-majorité conservatrice actuelle à la Cour en abandonnant les normes qui devraient régir et ont régi le processus de nomination dans le passé.

Quelles sont donc les réformes possibles pour changer le rôle de la Cour dans le système politique américain ? Comme mentionné ci-dessus, il y en a une pléthore. Parmi les plus souvent invoquées figure la création d'un service limité dans le temps, comme c'est le cas dans presque tous les autres tribunaux du pays, et l'élargissement de la taille de la Cour pour diluer l'influence de la super-majorité actuelle d'extrême droite. D'autres réformes possibles incluent la limitation de la compétence de la Cour, la création d'une dérogation du Congrès aux décisions judiciaires défavorables et l'ajout de contraintes éthiques sur les juges.

Avant de discuter plus longuement des réformes, je voudrais exposer les raisons générales des réformes, c'est-à-dire quel est le problème particulier de la Cour que la réforme tente de résoudre. Les trois intérêts les plus communs qui sous-tendent les propositions de réforme sont la nécessité de remédier à la perte de légitimité de la Cour, qui est devenue de plus en plus politique ; la nécessité de veiller à ce que le pouvoir judiciaire ne soit pas partisan, mais véritablement indépendant des branches politiques ou des mouvements idéologiques ; et la nécessité de veiller à ce que la Cour ne sape pas la démocratie.

Quant à sa légitimité, un système judiciaire ne peut fonctionner que dans la mesure où le peuple respecte ses décisions et est prêt à se conformer aux ordonnances et aux résultats, même à son détriment. Comme l'a déclaré Alexander Hamilton dans *The Federalist*, « [l]a magistrature [...] n'a aucune influence ni sur l'épée ni sur la bourse... et doit en fin de compte dépendre de l'aide du pouvoir exécutif, même pour l'efficacité de ses jugements. » Cette perception de légitimité doit refléter plus qu'un accord avec le résultat particulier d'une décision, mais aussi avec le processus de prise de décision et de délibération.

Toute société qui prétend adhérer à l'état de droit revendiquera également un pouvoir judiciaire indépendant. Ce n'est que lorsque les juges ne craignent pas de représailles pour avoir rendu des décisions fondées sur leur meilleure compréhension du droit et des faits qu'un pouvoir judiciaire est indépendant ; en outre, il doit être strictement illégal pour les juges d'accepter des pots-de-vin ou de permettre à l'influence de la parenté ou des relations financières d'affecter leurs décisions.

Plus compliquée est la question du rôle de la Cour dans l'affaiblissement ou le soutien de la démocratie. Pour qu'une démocratie fonctionne réellement, le pouvoir judiciaire doit jouer un rôle dans son bon fonctionnement. Par exemple, un système de freins et contrepoids sert à s'assurer que le pouvoir judiciaire n'outrepasse pas son rôle en contrecarrant les branches politiques à moins qu'il n'y ait une menace pour la démocratie. C'est-à-dire que le pouvoir judiciaire ne devrait intervenir que lorsque les branches politiques cherchent à nier les droits démocratiques des groupes minoritaires ou défavorisés ou à utiliser les processus politiques pour refuser des élections justes et libres. Un tribunal dans une société démocratique ne doit pas non plus être en décalage avec le peuple au point de contrecarrer la volonté populaire, à moins qu'il ne refuse aux autres une chance de participer eux-mêmes à cette démocratie. En droit constitutionnel américain, cet argument est appelé « renforcement de la représentation ».

L'une des raisons pour lesquelles notre Cour est maintenant si peu alignée avec l'opinion publique est due au fait que les présidents républicains ont nommé 15 des 19 derniers juges et 6 des 9 juges actuels, malgré le fait que pendant 16 des 28 dernières années, les démocrates étaient à la Maison

Blanche et dans 6 des 7 dernières élections, le candidat démocrate avait le plus de votes. Le président Trump, par exemple, a nommé trois juges au cours de son seul mandat de quatre ans ; ses prédécesseurs démocrates immédiats, les présidents Obama, Clinton et Carter, n'ont fait au total que quatre nominations en 20 ans au pouvoir. En effet, nous voyons maintenant l'effet de ce désalignement – la Cour s'est récemment engagée dans un effort radical pour renverser les précédents de longue date qui sont favorisés par une grande partie du public, comme sur les droits reproductifs, les armes à feu et la réglementation de l'économie et la santé.

Le fait que la Cour ne reflète pas les opinions de la majorité des Américains devient encore plus significatif lorsqu'il est considéré en tandem avec un autre aspect problématique de la Constitution américaine : le Sénat hautement antidémocratique. Au Sénat, chaque État a deux sénateurs, du Dakota du Nord à la Californie. Les changements de population rendent les grands États encore plus grands, ce qui entraîne un manque encore plus grand de représentation des citoyens des grands États (qui ont également tendance à être beaucoup plus diversifiés démographiquement et plus libéraux que ceux des petits États). Cela signifie que le choix des juges est en grande partie entre les mains des Américains les plus blancs et les plus ruraux. Et le collège électoral, un autre aspect malveillant de la Constitution, donne également à ces États un poids supplémentaire dans la sélection du président, avec le risque que les candidats qui n'obtiennent pas le vote populaire remportent néanmoins la présidence et donc la possibilité de nommer des juges à la Cour.

Cela laisse les Américains avec une énigme. Que pouvons-nous réellement faire pour contrôler la Cour ou la faire reculer ? Comment pouvons-nous nous assurer que ses décisions n'aboutissent pas à une nation dans laquelle aucun d'entre nous ne peut vivre ?

En plus des réformes de la Cour elle-même, dont je parlerai ci-dessous, il y a plusieurs « contrôles politiques » possibles : modifier la Constitution pour annuler une mauvaise décision et changer les membres de la Cour, soit par le processus naturel de retraite et de remplacement, soit par la destitution.

Malheureusement, ces contrôles politiques sur la Cour suprême ne sont pas très efficaces.

Une façon de traiter une mauvaise décision constitutionnelle de la Cour serait de l'annuler en modifiant la Constitution. (Rappelez-vous que les décisions interprétant mal les lois – par opposition aux décisions fondées sur la Constitution – peuvent être annulées par le Congrès, bien qu'avec l'état de polarisation dans cet organe, cela aussi soit presque impossible). Un amendement constitutionnel est extrêmement difficile, comme en témoignent les quelques fois où les Américains ont amendé la Constitution après la déclaration initiale des droits – moins de 20 fois. L'article V de la Constitution prévoit deux mécanismes d'amendement. La première, via une convention constitutionnelle, n'a jamais été utilisée. Cette disposition autorise les deux tiers des législatures des États à demander au Congrès de convoquer une convention. La seconde, par l'adoption par chaque chambre du Congrès sur un vote des deux tiers et la ratification par les trois quarts des États, est la seule qui a eu du succès. Mais évidemment, avec le maigre nombre d'amendements adoptés – et aucun n'a été adopté depuis 1972 – la Constitution dépasse peut-être même les espoirs des rédacteurs de limiter les modifications fondamentales.

Comme le notent Wilfred Codrington et John Kowal dans leur récent livre, *The People's Constitution*, « sur plus de douze mille ajouts et révisions proposés depuis l'adoption de la Constitution, le Congrès n'a réussi à envoyer que trente-trois amendements aux États pour examen ». Certains de ces amendements ont en fait annulé les décisions de la Cour suprême, par exemple, lorsque le 11ème amendement a été adopté pour protéger l'immunité souveraine de l'État ; les 13ème, 14ème et 15ème amendements ont été adoptés pour mettre fin à l'esclavage et accorder des droits civils aux Noirs américains ; lorsque le peuple a fait pression pour que le 16ème amendement autorise un impôt sur le revenu ; et, plus récemment, le 26ème amendement qui permettait aux jeunes de 18 ans de voter.

Le plus efficace en termes de changement global dans l'orientation de la Cour serait de changer les juges eux-mêmes. Cela peut se produire de deux manières – les juges peuvent bien sûr mourir ou prendre leur retraite et ainsi être remplacés ou ils peuvent être destitués et condamnés. La destitution nécessite le vote d'une majorité de la Chambre. S'il est destitué par la Chambre, un juge fait face à un procès par le Sénat et sera démis de ses fonctions si les deux tiers du Sénat votent en ce sens. Mais un seul juge de la Cour n'a jamais été destitué – Samuel Chase par les républicains après l'élection de 1800 – et il a échappé de justesse à la condamnation au Sénat. Plusieurs juges de tribunaux inférieurs ont été destitués et il y a eu des menaces de destitution d'autres juges de la Cour, mais aucune n'a abouti.

Le changement de membres, même de manière traditionnelle avec la retraite ou le décès, peut sans aucun doute avoir un effet puissant. Par exemple, lorsque la juge Alito a pris le siège de la juge Sandra Day O'Connor, la Cour s'est fermement opposée à ses décisions antérieures sur les restrictions au financement des campagnes électorales et les droits de femmes par exemple. Si le candidat du président Obama, Merrick Garland, avait été

confirmé ou si Hillary Clinton avait été élue présidente, les États-Unis auraient connu un changement majeur de pouvoir à la Cour. Au lieu de cela, Trump a été élu et a ensuite nommé trois juges extrêmement conservateurs qui travaillent à faire avancer la Cour dans une direction radicale de droite. Et bien sûr, à une époque antérieure, le paysage juridique a été complètement transformé par les nominations du président Franklin Delano Roosevelt. Cela explique, bien sûr, pourquoi le choix des juges est devenu un événement politique majeur. Il ne fait donc aucun doute que ces changements ont un effet. Mais le problème auquel nous sommes confrontés aujourd'hui, c'est que les juges ont tendance à servir maintenant pendant de très longues périodes parce qu'ils sont nommés à un plus jeune âge et vivent plus longtemps.
C'est pourquoi une véritable réforme exige des modifications plus importantes de la structure et de la jurisprudence de la Cour que ne le ferait un changement générationnel normal. Les réformes les plus importantes comprennent des idées sur la façon de modifier la structure de la Cour elle-même ou sa compétence. Voici les réformes les plus fréquemment discutées :

1) Modification de la taille de la Cour : Une proposition augmenterait le nombre de juges qui siègent à la Cour.
2) Fin du mandat à vie : Une autre proposition importante mettrait fin au mandat à vie et limiterait la durée pendant laquelle les juges siègent à la Cour et, par conséquent, définirait les intervalles auxquels les juges sont nommés.
3) Limiter le pouvoir de la Cour : Une autre série de propositions vise à retirer à la Cour le pouvoir par rapport aux branches politiques, en particulier pour limiter le pouvoir de la Cour de

déclarer les actes législatifs inconstitutionnels. Cette catégorie comprend la modification de la compétence de la Cour, ainsi que la modification des règles de vote de la Cour et des normes de contrôle qu'elle utilise lorsqu'elle examine s'il y a lieu d'invalider les actions des représentants élus. Enfin, elle comprend des propositions visant à permettre au Congrès d'annuler les décisions constitutionnelles de la Cour suprême et d'autres tribunaux.

4) Exiger la transparence et l'éthique dans les processus internes de la Cour : Ces propositions ont moins de conséquences en termes d'impact global de la Cour sur la société, mais seraient utiles pour restaurer la légitimité de la Cour en Amérique. Ces propositions portent notamment sur la manière de traiter les décisions d'urgence de la Cour, les règles éthiques et la transparence.

La taille et la composition de la Cour: la modification du nombre de juges pourrait avoir le plus d'impact sur les décisions de la Cour actuelle et est conçue pour contrecarrer ce que beaucoup d'entre nous croient être une super-majorité archi-conservatrice illégitime. Il est important que les lecteurs comprennent que la taille de la Cour n'est pas, étonnamment, fixée dans la Constitution. Au lieu de cela, la taille a été laissée au Congrès et ce dernier a en fait changé le nombre de juges plusieurs fois dans l'histoire américaine. Cette réforme est donc peut-être la plus efficace et la plus manifestement constitutionnelle.

Le Congrès a, à plusieurs reprises au cours du premier siècle du pays, modifié la taille de la Cour, notamment à partir de 1789 lorsque le Congrès a créé un tribunal de 6 personnes. Peu de temps après, en 1800, le Congrès a réduit la taille dudit tribunal à cinq membres. D'autres changements de taille se sont produits épisodiquement au XIXème siècle, motivés par un mélange de préoccupations institutionnelles et politiques. La Cour a été profondément méfiante par les membres du Congrès anti-esclavagistes après sa décision de 1857 dans l'affaire *Dred Scott c. Sanford*, qui soutenait que les Afro-Américains n'étaient pas des « citoyens » et que le Congrès ne pouvait pas interdire l'esclavage dans les territoires. En conséquence, pendant la guerre civile, le Congrès républicain en 1863 a ajouté un dixième siège à la Cour suprême, permettant au président Lincoln de nommer un juge pro-Union et anti-esclavagiste. De même, après l'assassinat de Lincoln, le Congrès a réduit la taille de la Cour par méfiance à l'égard de la sympathie du président Andrew Johnson pour le Sud. Le Congrès a rétabli la Cour à neuf après l'élection du républicain et ancien général de l'armée de l'Union : Président Grant était un républicain et n'avait aucune sympathie pour Le Sud.

Ce n'est qu'à la présidence de Franklin Roosevelt et de son soi-disant « *court-packing plan* » en 1937 qu'une autre tentative a été faite pour agrandir ou contracter la Cour. Roosevelt a menacé d'élargir la Cour en réponse à une série de décisions de la Cour suprême en 1935 et 1936 invalidant les principales lois du New Deal promulguées par le Congrès et défendues par Roosevelt, ainsi qu'une myriade de lois du travail et de protection sociale de l'État, toutes visant à sortir la nation de la calamité économique et sociale de la Grande Dépression. Il a menacé de nommer un juge supplémentaire pour chaque juge de plus de soixante-dix ans (qui n'a pas pris sa retraite dans les six mois), pour un total possible de quinze membres. Lorsque la Cour a changé de cap et a commencé à faire respecter sa législation, il a abandonné le plan.

Comme mentionné ci-dessus, beaucoup sont actuellement en faveur de l'expansion des tribunaux, motivés par le comportement scandaleux des républicains au Sénat qui ont refusé d'envisager la nomination par le président Obama du juge Garland à la Cour suprême, et ont confirmé les trois juges nommés par le président Trump – et l'effet que ces violations des normes peuvent avoir à la fois sur la santé du processus démocratique et sur la portée des droits constitutionnels fondamentaux. Il est impératif de s'attaquer au détournement des normes, mais aussi d'arrêter la Cour qui s'est engagée sur la voie d'un programme d'extrême droite. Au cours des dernières années, la Cour a décimé le droit de vote et d'autres ancrages de la démocratie, et a affirmé les lois et les pratiques des États qui restreignent le vote et privent de leurs droits certaines circonscriptions, telles que les personnes de couleur, les pauvres et les jeunes. Ses décisions ont donné du pouvoir aux partisans de droite, leur permettant de consolider le pouvoir malgré l'opposition populaire.
De plus, une expansion contribuerait potentiellement à rendre la Cour plus représentative du peuple américain et donc à être perçue comme plus légitime. Avec un plus grand nombre de juges, espérons-le, au moins certains des nouveaux juges incluraient ceux qui ont de l'expérience dans différents domaines en général. Il peut également inclure des personnes de divers milieux religieux, socio-économiques, raciaux, géographiques ou d'autres origines démographiques.
Le mandat des juges : Parmi les propositions de réforme de la Cour suprême, les mandats limités non renouvelables pour les juges de la Cour suprême sont une réforme qui plaît à beaucoup. Je soutiens moi aussi l'idée qu'il faille mettre fin au mandat à vie des juges. Il est anormal d'avoir le plus haut tribunal d'une nation dominée par un groupe qui peut déterminer l'avenir de la nation pour une génération ou

plus. Ainsi, la limitation du mandat aiderait à faire en sorte que la Cour ne soit pas trop en décalage avec la société et ne limite pas les pouvoirs importants de tout juge individuel. De plus, un changement de personnel apporterait de nouvelles perspectives et une nouvelle réflexion juridique.

Les juges de la Cour suprême des États-Unis ont toujours eu un mandat à vie, mais ce système est extrêmement rare dans les tribunaux d'État des États-Unis et à l'échelle internationale. Par exemple, les États-Unis sont la seule grande démocratie constitutionnelle au monde qui n'a ni âge de la retraite ni durée fixe d'années pour ses juges de la Haute Cour. Un processus de nomination régulier, donnant à chaque président deux nominations, par exemple pour les juges qui serviraient pendant dix-huit ans ou moins, permettrait de remédier à ces conséquences arbitraires du mandat à vie en rendant les nominations judiciaires plus prévisibles et la composition de la Cour suprême des États-Unis plus rationnellement liée au résultat des élections démocratiques au fil du temps. À l'heure actuelle, les neuf juges n'ont pas de comptes à rendre au public américain et siègent pendant une génération ou plus, ce qui est intenable dans une démocratie. Bien que le mandat à vie soit généralement problématique, il s'est aggravé au fil du temps, car les juges vivent plus longtemps et sont nommés plus jeunes. Jusqu'à la fin des années 1960, la durée moyenne du service était d'une quinzaine d'années. En revanche, le mandat moyen des juges qui ont quitté la Cour depuis 1970 est d'environ 28 ans.

Un problème avec la limitation des mandats est que le processus de confirmation du Sénat est brisé – il serait difficile de s'assurer que les deux candidats de chaque président soient considérés et confirmés sans désactiver l'obstruction et d'autres moyens d'obstruction au Sénat. J'ai longuement écrit sur la façon de réformer le Sénat, alors je ne le ferai plus ici. Mais le simple fait d'abolir l'obstruction « *filibuster* » ne garantira pas qu'il ne sera pas réadopté par le Sénat ou un autre moyen d'obstruction utilisé. Cela signifie qu'il y a probablement quelque chose de plus profond qui devra changer dans la structure du Sénat, ce qui nécessitera très probablement une modification constitutionnelle.

Les pouvoirs de la Cour dans le système constitutionnel : De nombreuses propositions de réforme de la Cour acceptent l'étendue de son pouvoir plus ou moins comme une donnée, mais ces réformes visent à recalibrer la répartition des pouvoirs entre la Cour et les branches élues par le peuple car la Cour est devenue trop puissante aux dépens du peuple. Ce dernier a revendiqué le pouvoir décisionnel sur les domaines de la vie politique qui affectent la gouvernance démocratique et a rendu des décisions qui semblent refléter les opinions personnelles des juges, par exemple en maintenant des lois qui interdisent ou restreignent l'avortement ou en invalidant des lois conçues pour protéger le droit de vote.

Une série de propositions visant à réduire le pouvoir de la Cour suprême consiste à limiter la compétence de la Cour pour entendre et trancher certains types d'affaires. Au cours des cinquante dernières années, divers membres du Congrès ont proposé des projets de loi qui dépouilleraient la compétence ou l'autorité de la Cour suprême – parfois aussi la compétence d'autres tribunaux – pour statuer sur la constitutionnalité de la législation anti-avortement, de la prière à l'école, des interdictions contre la pornographie, et des mandats locaux pour réciter le serment d'allégeance.

La Constitution prévoit clairement que le Congrès a le pouvoir de déterminer l'octroi de la compétence des tribunaux fédéraux. L'article III de la Constitution, après avoir exposé un petit ensemble d'affaires relevant de la compétence « originale » de la Cour suprême, dispose

ensuite que « [d]ans toutes les autres affaires susmentionnées, la Cour suprême a compétence en appel, tant en droit qu'en fait, avec les exceptions et en vertu des règlements que le Congrès fer ». Ce pouvoir s'applique également aux tribunaux inférieurs, qui ont été créés à l'origine par une action du Congrès.
Les propositions les plus importantes de dépouillement de compétence aujourd'hui empêcheraient la Cour suprême, tous les tribunaux fédéraux ou tous les tribunaux fédéraux *et* aussi les tribunaux d'État d'examiner des questions, des lois ou des politiques spécifiques et substantiellement définies. Bien que la plupart de ces propositions se soient concentrées sur des questions de fond, certains partisans soutiennent également que la limitation de la compétence des tribunaux aiderait également à rééquilibrer le pouvoir en faveur des branches politiques. Il existe de nombreux arguments en faveur d'une telle approche. D'une part, il est clair que de nombreux pays qui protègent les droits individuels fonctionnent parfaitement bien sans contrôle judiciaire. Et cela renforcerait certainement la démocratie. Mais on s'inquiète de la protection des droits des minorités sans qu'un organe indépendant examine les excès d'une majorité. Quoi qu'il en soit, une telle législation visant à limiter la compétence des tribunaux se heurterait à de nombreux obstacles. Le plus grand obstacle est que la Cour suprême actuelle le jugerait probablement inconstitutionnel, créant ainsi un conflit constitutionnel et peut-être une crise. En outre, il y a beaucoup de questions difficiles à résoudre, y compris comment structurer une telle dérogation - quels tribunaux et quelles questions devraient être soumis à l'examen du Congrès.
Une deuxième façon de réduire le pouvoir de la Cour suprême serait d'exiger que la Cour n'invalide les lois qu'à la super-majorité ou, de même, d'exiger de la Cour qu'elle utilise un examen déférent dans les affaires

constitutionnelles. Aux États-Unis, la Cour suprême a toujours tranché des affaires par vote majoritaire simplement sur la base d'une pratique et non d'un mandat légal. Dans certains autres pays, les hautes cours doivent statuer à la super-majorité sur les affaires constitutionnelles - il y a au moins dix pays avec de telles exigences.

De toute évidence, cette réforme rendrait également la Cour plus déférente envers les branches politiques. Certains soutiennent que cela nécessiterait également plus de délibérations de la part des juges et produirait une meilleure prise de décision. Plus clairement, cette réforme empêcherait certaines décisions, décidées par un vote de 5 contre 4, d'avoir un impact majeur. Un résultat similaire pourrait être obtenu en exigeant de la Cour qu'elle applique un examen plus déférent dans les affaires constitutionnelles qui présume que les actions du Congrès sont constitutionnelles. La Cour elle-même a imposé des normes de contrôle différentes dans certains domaines du droit, soit en soumettant l'action législative à un examen plus rigoureux ou moins intensif en fonction de l'objet et des droits concernés. Une telle réforme, cependant, pourrait également être jugée inconstitutionnelle car il n'est pas clair que le Congrès ait le pouvoir d'imposer de telles normes. Et encore une fois, avec la Cour actuelle, il semble très probable qu'une telle loi serait invalidée.

Une autre proposition donnerait au Congrès le pouvoir d'annuler les décisions de la Cour afin de rétablir le pouvoir des branches politiques et de renforcer le système de freins et contrepoids. Des dérogations comme celle-ci existent dans certains autres pays. Les propositions vont de donner au Congrès ce pouvoir sur toute décision annulant une loi pour des raisons constitutionnelles ou seulement sur des décisions impliquant certaines dispositions constitutionnelles. Encore une fois, cependant, pour donner au Congrès un tel pouvoir, il faudrait très probablement un amendement constitutionnel et dans les autres pays où il existe, la dérogation n'a pas été beaucoup utilisée. Il n'est pas clair que l'effort pour établir une dérogation du Congrès vaudrait l'effort requis pour amender la Constitution.

1. Réformes de la transparence et de l'éthique

Un domaine qui devrait certainement être abordé est le manque de transparence et de règles d'éthique à la Cour suprême. Des réformes dans ce domaine ne feraient pas une différence majeure en termes de jurisprudence, mais pourraient affecter la perception du public à l'égard de la Cour et assurer une plus grande responsabilisation des juges. Toutefois, étant donné que ce domaine a un impact limité, je ne consacrerai pas beaucoup de temps à ces réformes, qui comprennent le recours par la Cour à des ordonnances d'urgence, rendues sans les séries habituelles de séances d'information ou de plaidoiries orales et souvent sans avis explicatif écrit — appelé le « *shadow docket* » ; et la transparence.

1.1 Le « *Shadow Docket* »

Apparemment, chaque système judiciaire a besoin d'un moyen de traiter les appels d'urgence, mais pourquoi la pratique de la Cour suprême d'entendre de tels appels, surnommée le « *shadow docket* » en raison du manque de transparence des décisions, est-elle devenue un tel sujet pour la critique et le débat ? Et compte tenu du nombre d'articles de revue de droit, d'articles de journaux et de l'attention portée à la législation, ces appels ont fait l'objet d'un examen minutieux au cours des dernières années.

La voie normale par laquelle les neuf juges à vie de la Cour suprême acceptent les affaires pour examen est l'octroi de *certiorari*. Ils entendent très peu de cas de ce genre par an, en fait de moins en moins semble-t-il. Dans ces cas, ils ont accès aux mémoires des parties, ainsi qu'aux *amici curiae* et, après avoir lu ces documents, et les avis des juridictions inférieures, ils entendent les plaidoiries orales avant de rendre leurs opinions. Les juges qui rédigent et joignent une opinion détaillent cette dernière sur la décision ainsi que sur ceux qui sont en dissidence. Ils signent leur nom à leur prise de position et doivent s'y tenir, jusqu'à ce qu'ils décident de se joindre à une autre opinion qui fait marche arrière. Bien que la Cour suprême ne soit pas connue comme l'institution la plus transparente au monde, le processus *certiorari* nous dit au moins qui a voté pour quel résultat et pourquoi. Chaque juge doit se présenter devant le public et défendre sa position, ne serait-ce que dans les termes de ses opinions — et c'est ainsi que cela devrait être, en particulier dans un système de permanence à vie et de suprématie judiciaire en vertu duquel un groupe de juges non élus peut déterminer ce que notre Constitution signifie pour nous tous depuis des générations.

En revanche, lorsqu'ils rendent leurs brèves décisions sur ces appels d'urgences, les juges ne s'identifient pas au public (à moins qu'il ne soit clair qui a rédigé l'opinion à partir d'autres éléments de preuve ou les rares occasions où ils émettent une dissidence écrite à une décision) ni n'expliquent les raisons de ce résultat. Et pourtant, ils ont tranché des cas d'importance majeure impliquant le droit de vote, l'avortement et même le droit à la vie ou à la mort. Lorsqu'ils entendent ces affaires, les juges n'ont souvent pas l'avantage d'une décision d'un ou de plusieurs tribunaux inférieurs parce que les affaires, par définition, sont précipitées et partielles. Ainsi, en l'absence de décisions écrites des tribunaux inférieurs, de séances d'information fragmentaires ou de plaidoiries orales de la part des parties et d'un laps de temps limité pour examiner les questions juridiques complexes et les faits contestés, la

Cour suprême rend néanmoins des décisions qui peuvent entraîner des conséquences importantes et durables, y compris des changements majeurs au sein de la doctrine.
Un domaine très important, dans lequel la Cour a également fait l'objet de nombreuses critiques dans son dossier régulier, est celui de l'administration électorale, du droit de vote et du *gerrymandering*. Bien que toute décision sur ce dossier qui a des répercussions de grande portée doive être examinée, les décisions concernant les mécanismes de base de la démocratie doivent faire l'objet d'un examen particulièrement attentif et critique. Ces cas ont considérablement affecté l'accès aux urnes, permis le *gerrymandering* racial et entravé les efforts visant à garantir que les élections soient équitables et libres pour tous les électeurs éligibles.
Dans tous les cas, la Cour devrait être tenue de motiver ses arguments dans les affaires importantes et de montrer comment chaque juge a voté.
Code de conduite judiciaire : Les juges de la Cour suprême des États-Unis sont les seuls membres de la magistrature fédérale qui ne sont pas couverts par un code de conduite. Depuis 1973, un code de conduite consultatif couvre tous les autres juges fédéraux, mais ce code ne s'applique pas aux juges de la Cour suprême. Le Congrès pourrait promulguer un code pour la Cour suprême. Plusieurs projets de loi ont été proposés, ordonnant généralement à l'administration des tribunaux d'élaborer un code pour la Cour (ou simplement de rendre le code existant applicable aux juges). Mais le Congrès pourrait aussi écrire le code lui-même.

1.2 Transparence

La Cour n'a jamais autorisé les caméras à couvrir les procédures et n'a autorisé que récemment la diffusion en direct, en raison des exigences de la pandémie. Cet effort a ajouté du carburant supplémentaire au débat de longue date sur les caméras – il convient de noter que la salle d'audience de la Cour suprême n'est généralement capable d'accueillir qu'environ 50 membres du grand public à la fois. Les partisans des caméras dans la salle d'audience soulignent l'importance de la transparence et les avantages éducatifs, historiques et civiques potentiels de pouvoir voir les juges au travail. Le Congrès a présenté de nombreux projets de loi appelant à la présence de caméras.

2. Conclusion

Comme je l'ai mentionné au début, je suis profondément préoccupé par les défis auxquels les États-Unis sont confrontés à l'heure actuelle et je crois que la Cour suprême elle-même a exacerbé nos difficultés. Il est essentiel pour la démocratie américaine que nous examinions le rôle de la Cour et adoptions des réformes qui rétabliront un bon équilibre entre les branches dirigeantes et un plus grand pouvoir pour le peuple à déterminer son avenir.
En termes d'impact immédiat, l'ajout de juges à la Cour serait le plus efficace pour freiner son idéologie d'extrême droite. D'autres réformes importantes permettraient de remédier à des lacunes à long terme, comme l'imposition de limites de mandat aux juges, l'examen de dérogations législatives ou de règles de vote, et certainement l'obligation pour les juges de respecter les règles d'éthique et de transparence. Les États-Unis sont la démocratie la plus durable au monde. Cela va-t-il durer ?

Conclusion

En somme, il y a de quoi s'inquiéter aux États-Unis. Même s'il se trouve que les rédacteurs de la Constitution ont imaginé que le Congrès serait l'organe du gouvernement fédéral le plus puissant, la Cour actuelle a acquis un pouvoir démesuré. De plus, avec la nomination de trois juges à la Cour suprême par Donald Trump, l'extrême droite a enfin réalisé un de ses objectifs dans lequel ils ont investi des décennies d'effort : le contrôle de la Cour suprême. Cela porte déjà ses fruits, donnant aux Américains l'impression de retourner en arrière dans le temps. Ce virage à droite de la Cour a aussi entraîné une perte de crédibilité institutionnelle. Ce livre a essayé de tracer comment le pays en est arrivé là et ce que les Américains peuvent faire pour s'en sortir.

En juin 2022, la Cour a renversé la décision de *Roe,* éliminant le droit à l'avortement en disant que le raisonnement de la Cour en 1973 avait été incorrect. Elle a déclaré que la Constitution ne garantit pas en soi le droit à une vie privée et que la Cour n'est donc pas en mesure d'en assurer l'accès. Ce retournement met en risque d'autres décisions prises dans la suite de *Roe* comme le droit à la contraception ou le mariage homosexuel qui dépendent de la même logique.

Peu après, la Cour a aussi limité la capacité des organes administratifs du gouvernement fédéral à mettre en place des réglementations, ce qui complique les efforts gouvernementaux pour combattre des problèmes comme le réchauffement climatique, entre autres. Puis, elle a permis l'accès sans entrave aux armes à feu dans les rues des grandes villes américaines. Ainsi, la Cour suprême semble déterminée à contrecarrer les efforts faisant face aux crises actuelles.

De plus, les actions de la Cour suprême ne sont pas populaires. En réalité, la Cour représente une puissante minorité largement blanche. Ainsi, la Cour suprême est devenue un obstacle aux ambitions démocratiques américaines.

Contrairement aux autres branches du gouvernement, la Cour suprême est indépendante du public américain : les juges ne sont pas élus, elle est la seule à interpréter la Constitution, et elle ne peut pas être contredite par les autres branches en absence d'un amendement constitutionnel. D'ailleurs, la Cour statue à la fois sur le droit fédéral et sur le droit des États en vertu de la clause de suprématie, qui établit la Constitution comme la loi suprême du pays. Tout cela représente une rupture potentielle de la stratégie des freins et contrepoids imaginée par les rédacteurs de la Constitution. Mais il faut savoir que la prééminence du rôle de la Cour dans l'élaboration des politiques et l'interprétation constitutionnelle n'est pas acquise. En supposant qu'une question doive être réglée par référence à la Constitution, pourquoi la Cour devrait-elle avoir le dernier mot sur la signification constitutionnelle et non pas le président, le Congrès ou le peuple ?

Actuellement, la nation s'engage dans un débat intense sur la politisation apparente de la Cour et donc sur son futur. Il devrait être évident qu'il y ait trop d'enjeux pour permettre qu'une droite radicale détermine l'avenir de la Cour. Si les Américains ne réforment pas la Cour dans les plus brefs délais, ils risquent une Cour de plus en plus partisane, dont la légitimité n'arrête pas de chuter, et qu'elle sape la démocratie du pays. La réforme est impérative.

Il est évident que la réforme la plus immédiate et la plus efficace est l'élargissement des tribunaux. Ensuite, une limitation du mandat des juges rendrait la Cour plus démocratique mais n'aurait pas d'impact assez tôt. D'autres réformes possibles comprennent la limitation de la compétence de la Cour, la création d'une dérogation du Congrès aux décisions judiciaires défavorables et l'ajout de contraintes éthiques sur les juges. Ces réformes visent à recalibrer la répartition des pouvoirs entre la Cour et les

branches élues par le peuple car la Cour est devenue trop puissante aux dépens du peuple.
Malheureusement, aucune réforme ne sera adoptée facilement. Si les Américains veulent empêcher que l’oligarchie ou la ploutocratie s'emparent du pays, il va falloir lutter contre.

Remerciements

Je suis très reconnaissante par l'aide apportée par tant de personnes dans l'écriture de ce livre. Tout d'abord, je tiens à remercier ma mère pour m'avoir aidé à améliorer mon français et pour son amour et son soutien. Je suis également très reconnaissante aux étudiants et professeurs de la faculté de droit de l'Université Catholique de Lyon (UCLy) et, en particulier, à la professeure Aude Thevand qui a apporté une contribution importante à l'amélioration du manuscrit ainsi qu'aux étudiants qui ont encore affiné mon texte : Lisa Burger, Pauline Coicaud et Paul Girard. Je suis également très reconnaissante du soutien du professeur agrégé et vice-doyen international Louis-Daniel Muka Tshibende et de Louis Bertier, directeur pédagogique de l'UCLy Alpes Europe Annecy ainsi que de la professeure Marjolaine Monot-Fouletier, responsable du Centre de recherche en sciences juridiques, politiques et sociales.

Emelia Gold du *Brennan Center for Justice* a également apporté un soutien essentiel dans ce travail et cet effort pour la conception de ce livre, aide pour laquelle je suis vraiment reconnaissante. Remerciements aussi pour le soutien de mes autres collègues du Brennan Center.

Je m'en voudrais de ne pas remercier également le doyen William M. Treanor et mes collègues du Georgetown Law Center pour avoir créé une communauté d'universitaires à la fois brillante et accueillante. Bien sûr, merci au président Joe Biden de m'avoir nommé à la Commission de la Maison Blanche sur la Cour suprême.

Et, *ça* va sans dire, je dois beaucoup à mon éditeur, Fabien Dworczak, pour m'avoir aidé à mener à bien ce projet et à l'Harmattan de m'avoir donné cette opportunité.

Structures éditoriales du groupe L'Harmattan

L'Harmattan Italie
Via degli Artisti, 15
10124 Torino
harmattan.italia@gmail.com

L'Harmattan Hongrie
Kossuth l. u. 14-16.
1053 Budapest
harmattan@harmattan.hu

L'Harmattan Sénégal
10 VDN en face Mermoz
BP 45034 Dakar-Fann
senharmattan@gmail.com

L'Harmattan Cameroun
TSINGA/FECAFOOT
BP 11486 Yaoundé
inkoukam@gmail.com

L'Harmattan Burkina Faso
Achille Somé – tengnule@hotmail.fr

L'Harmattan Guinée
Almamya, rue KA 028 OKB Agency
BP 3470 Conakry
harmattanguinee@yahoo.fr

L'Harmattan RDC
185, avenue Nyangwe
Commune de Lingwala – Kinshasa
matangilamusadila@yahoo.fr

L'Harmattan Congo
219, avenue Nelson Mandela
BP 2874 Brazzaville
harmattan.congo@yahoo.fr

L'Harmattan Mali
ACI 2000 - Immeuble Mgr Jean Marie Cisse
Bureau 10
BP 145 Bamako-Mali
mali@harmattan.fr

L'Harmattan Togo
Djidjole – Lomé
Maison Amela
face EPP BATOME
ddamela@aol.com

L'Harmattan Côte d'Ivoire
Résidence Karl – Cité des Arts
Abidjan-Cocody
03 BP 1588 Abidjan
espace_harmattan.ci@hotmail.fr

Nos librairies en France

Librairie internationale
16, rue des Écoles
75005 Paris
librairie.internationale@harmattan.fr
01 40 46 79 11
www.librairieharmattan.com

Librairie des savoirs
21, rue des Écoles
75005 Paris
librairie.sh@harmattan.fr
01 46 34 13 71
www.librairieharmattansh.com

Librairie Le Lucernaire
53, rue Notre-Dame-des-Champs
75006 Paris
librairie@lucernaire.fr
01 42 22 67 13

www.ingramcontent.com/pod-product-compliance
Lightning Source LLC
LaVergne TN
LVHW051351061026
849535LV00009B/3124
* 9 7 8 2 1 4 0 3 1 4 3 3 9 *